Mario Petri

Motivationspsychologie und Personalentwicklung

Eine Kohärenzbetrachtung von motivationspsychologischen Inhaltstheorien und kongruenten Personalentwicklungszielen

Martin Meidenbauer Verlagsbuchhandlung

Bibliografische Information der Deutschen
Nationalbibliothek

Die Deutsche Nationalbibliothek verzeichnet diese
Publikation in der Deutschen Nationalbibliografie;
detaillierte bibliografische Daten sind im Internet
über http://dnb.d-nb.de abrufbar.

Printed in Germany

Gedruckt auf
chlorfrei gebleichtem, säurefreiem und
alterungsbeständigem Papier (ISO 9706)

m-press ist ein Imprint der
Martin Meidenbauer Verlagsbuchhandlung

ISBN 978-3-89975-720-0

Verlagsverzeichnis schickt gern:
Martin Meidenbauer Verlagsbuchhandlung
Erhardtstr. 8
D-80469 München

www.m-verlag.net

INHALTSVERZEICHNIS

TABELLEN- UND ABBILDUNGSVERZEICHNIS

1 MOTIVATION UND PERSONALENTWICKLUNG

Dass der Mensch die wichtigste Komponente innerhalb des betrieblichen Leistungsprozesses darstellt, geben nicht nur aktuelle Forschungsergebnisse, sondern bereits ältere philosophisch wie auch ingenieurwissenschaftlich orientierte Auseinandersetzungen mit der menschlichen Arbeitsleistung im Unternehmen wieder.[1] Die neueren Ansätzen unterscheiden sich jedoch durch die eingenommene Perspektive gegenüber dem Individuum deutlich von den älteren Abhandlungen, denn gegenwärtig stehen nicht mehr philosophische oder rein kollektive Aspekte der menschlichen Arbeitsleitung im Zentrum der Betrachtung, sondern vielmehr der individuelle Wirkungsgrad des Menschen.[2] Trotz der noch immer verbreitet Relevanz zugesprochenen formalen Qualifikation – welcher oftmals eine obligatorische Korrelation mit dem Wirkungsgrad des Mitarbeiters unterstellt wird[3] – bahnt sich inzwischen mit dem Kompetenzbegriff ein Terminus seinen Weg in die Popularität, welcher seinen Blick stärker auf das Individuum und dessen Fähigkeiten in unterschiedlichen Situationen zielgerichtet handeln zu können richtet.[4] Der signifikante Unterschied zwischen beiden Begriffen drückt sich insbesondere durch den Umstand aus, dass erworbene Qualifikationen in den meisten Fällen zwar formal reliablen Charakter haben, jedoch erst im Rahmen eines Verwertungsprozesses ihren Wert entfalten.[5] Zudem sind sie kein Indikator für die faktische Handlungsfähigkeit des Mitarbeiters. Der Kompetenzbegriff richtet seinen Blick hingegen auf die tatsächlichen Fähigkeiten des Mitarbeiters, welche ihn in die Lage versetzen, sich in komplexen Situationen eigenständig zurechtzufinden.[6] Dabei zeichnet sich die Kompetenz vor allem durch ihre ganzheitliche Anlage aus, denn sie umfasst nicht nur inhaltliches und fachliches Wissen und Können, sondern auch außer- und überfachliche Fähigkeiten.[7]

Die individuelle Kompetenzentwicklung ist eine fundamentale Aufgabe der Personalentwicklung. Sie muss zweckmäßige Maßnahmen und Konzepte entwickeln, um dem Mitarbeiter die Möglichkeit zu seiner bestmöglichen Entwicklung und damit des optimalen Wirkungsgrades innerhalb des Un-

---

[1] vgl.: Marx, 1929; Taylor, 1919
[2] vgl.: Bröckermann, 2007, 49ff
[3] vgl.: Drumm, 2005, 36ff
[4] vgl.: Krapp et al., 2006, 23
[5] vgl.: Sonntag/Stegmaier, 2007, 39; Kade, 1983, 859ff
[6] vgl.: Heyse/Erpenbeck, 2004, XIIIff
[7] vgl.: Arnold, 2001, 176

ternehmens geben.[8] Die Personalentwicklungsplanung ist dabei von einer Vielzahl unterschiedlicher Faktoren abhängig. Zunächst stellen etwa das durch die Unternehmensziele determinierte Selbstverständnis der Personalentwicklung im Unternehmen, der Ausbildungsstand des Mitarbeiters aber auch grundsätzlich die internen und externen Bedingungen zu berücksichtigende Aspekte für die Planung, Konzeption und Durchführung von Personalentwicklungsmaßnahmen dar.[9] Entscheidend ist jedoch angesichts dieser den Mitarbeiter zentrierenden Kompetenzperspektive die Interessen und Neigungen des Mitarbeiters zu berücksichtigen.[10]

Die frühere Annahme, dass die methodisch optimierte Wissensvermittlung den Schlüssel zum Erfolg solcher Maßnahmen darstellt, ist zugunsten der Einsicht gewichen, dass Partizipation und damit die Einstellung des Mitarbeiters gegenüber seiner Kompetenzentwicklung ein wesentlicher Erfolgsfaktor der Personalentwicklung ist.[11] Somit determiniert die Motivation des Mitarbeiters den Kompetenzvermittlungserfolg stark: Ist seine Motivation gering, steht zu vermuten, dass auch der Erfolg gering ausfallen wird. Bei einer hohen Mitarbeitermotivation hingegen wird der Mitarbeiter erfolgreicher Kompetenzen entwickeln und diese intensiver im Rahmen ihrer täglichen Arbeit einsetzen.

Um systematisch auf die Motivation einwirken zu können, wurden seit der Mitte des letzten Jahrhunderts verschiedene Motivationstheorien entwickelt, welche entsprechende Ansatzpunkte liefern können. Nachfolgend soll anhand der (motivations)psychologischen Inhaltstheorien deduktiv die Kohärenz und die motivationspsychologischen Implikationen auf die Personalentwicklungsziele identifiziert werden. Eine Entwicklung expliziter praxisrelevanter Maßnahmen zur gezielten Mitarbeitermotivation soll jedoch bewusst nicht erfolgen. Vielmehr sollen die theoretischen Tangenten beider Themenbereiche identifiziert werden und eine Einschätzung der Inhaltstheorien hinsichtlich ihrer Implikationsrelevanz für die kongruenten Personalentwicklungsziele gegeben werden.

Um sich diesem Ziel systematisch anzunähern, sollen zunächst die Basis und die Ziele der Personalentwicklung grob skizziert werden, da eine dezidierte Darstellung der Personalentwicklung einerseits aus Platzgründen

---

[8] vgl.: Ryschka, et al., 2008, 13ff
[9] vgl.: Mudra, 2004, 238
[10] vgl.: Rosenstiel et al., 2005, 407ff
[11] vgl.: Ryschka et al., 2008, 30

nicht möglich, andererseits auch nicht zielführend erscheint. Gleiches gilt für die anschließend vorzustellenden motivationspsychologischen Konzepte und Prozesse, welche vor dem gleichen Hintergrund ebenfalls im Hinblick auf die Zielsetzung der Arbeit selektiert wurden und somit nur partial aufgezeigt werden können. In diesem Rahmen soll zunächst ein kurzer Blick auf den Motivationsprozess an sich erfolgen, um im Anschluss die motivationsrelevanten Menschenbilder und die motivationstheoretischen Konzepte betrachten zu können. Im Zuge der daran anschließenden Verbindung beider Themenbereiche soll ein struktureller Rahmen für eine anschließende Einzelbetrachtung der motivationspsychologischen Inhaltstheorien und deren Implikationen auf die vorweg zu definierenden kongruenten Ziele der Personalentwicklung geschaffen werden. Aus den Erkenntnissen dieser Einzelanalysen heraus wird im Rahmen eines abschließenden Resümees eine Ausgangsbasis für eine mögliche weitere Analyse der praxisbezogenen Aspekte der motivationspsychologischen Inhaltstheorien und damit eine theoretische Grundlage für die Entwicklung gezielter Motivationsmaßnahmen geschaffen.

2 BASIS UND ZIELSETZUNG DER PERSONALENTWICKLUNG

Die Personalentwicklung ist in ihrem derzeitigen Entwicklungsstand Gegenstand verschiedener wissenschaftlicher Disziplinen. Originär der Betriebswirtschaft zugeordnet, finden inzwischen auch soziologische, (berufs)pädagogische und (organisations)psychologische Ansätze Zugang zur Personalentwicklung.[12] Mit diesen unterschiedlichen Zugängen gehen gleichsam verschiedenartige Grundannahmen über die menschliche Existenz, unternehmerische Zielsetzungen und unter dem Einfluss unterschiedlicher Theoriegebilde auch divergierende Erkenntnisinteressen einher.

Allerdings steht zu vermuten, dass weniger die unterschiedlichen Zugänge, als vielmehr die verschiedenartigen Zielsetzungen den Blickwinkel für die Auseinandersetzung mit der Thematik bilden sollten. Dabei präsentiert sich zunächst eine humanzentrierte Perspektive, welche den Menschen primär als lebenslang und interdisziplinär lernendes Wesen innerhalb einer Organisation versteht, jedoch andererseits auch eine konträre, vorrangig auf den höchsten ökonomischen Wirkungsgrad des Mitarbeiters abgestellte Betrachtungsweise der Personalentwicklungsziele.[13] Diese divergierenden Schwerpunkte müssen jedoch nicht zwangsläufig ein bipolares Verhältnis aufweisen, denn die vorhandenen Interdependenzen zwischen beiden Blickwinkeln können auch Synergieeffekte bewirken. So wird etwa ein gutes Lernklima und ein umfangreiches Lernangebot nicht nur leistungsbezogene Aspekte der menschlichen Arbeitsleistung, sondern auch persönliche, soziale und gesellschaftliche Entwicklungsprozesse beeinflussen. Umgekehrt kann die individuelle Entwicklung des Einzelnen aber auch weitreichende Leistungsvorteile für das Unternehmen, etwa in kreativer Hinsicht, bringen.[14]

Zentrales Thema der Personalentwicklung ist demzufolge generisch betrachtet die Bereitstellung, Organisation und Förderung von Qualifizierungsmöglichkeiten für die Mitarbeiter, um die kurz-, mittel- und langfristigen Unternehmensziele umzusetzen. Dabei ist jedoch stets zu berücksichtigen, dass die Mitarbeiter als Individuen mit ihren unterschiedlichen Anlagen, Interessen und Zielsetzungen das Objekt der Personalentwicklung sind.

---

[12] vgl.: Swanson/Holton, 2001, 65ff; Rosenstiel et al., 2003; Sonntag/Stegmaier, 2007
[13] vgl.: Bröckermann, 2007, 23
[14] vgl.: Ridder, 2007, 150f

2.1 Basisverständnis der Personalentwicklung

Entsprechend der verschiedenen disziplinären Zugangsmöglichkeiten variiert auch der Gebrauch des Personalentwicklungsbegriffs. Trotzdem lässt sich ein weitgehend generischer, komplementärer Charakter dieses Terminus erkennen. So versteht Olfert hierunter relativ allgemeingültig „[...] alle Maßnahmen zur Erhaltung und Verbesserung der Qualifikation von Mitarbeitern."[15] Durch die Zentrierung des Qualifikationsgedankens ergibt sich eine erste Indikation auf den Kern des Personalentwicklungsgedankens. Dies unterstützt auch die Definition Bröckermanns, nach welcher die Personalentwicklung der Vermittlung von anforderungs- und neigungsgerechten Qualifikationen und Kompetenzen diene.[16] Hier tritt einerseits zum Qualifikationsbegriff jener der Kompetenz, andererseits eine zweiseitige Interessenspezifizierung hinzu, da neben den Anforderungen an den Mitarbeiter nun auch die Neigungen des Mitarbeiters berücksichtigt werden.

Obwohl die Personalentwicklungsmaßnahmen also individuell auf den Mitarbeiter abgestellt sein sollten, müssen sich diese innerhalb einer verbindlichen Systematik verorten lassen.[17] Ein systematisches Vorgehen ist insofern erforderlich, als die Personalentwicklung zweidimensional angelegt ist und einerseits die Steuerung der optimalen Stellenqualifikation, andererseits auch die Koordination der Aufstiegs- und Karriereplanung umfasst.[18] Sie kann somit horizontal, also auf die aktuelle Aufgabe bezogen, wie auch im Hinblick auf eine künftige Aufstiegsposition, vertikal angelegt, erfolgen.

Letztlich ist zum Grundverständnis hinzuzufügen, dass Personalentwicklung nicht aus Selbstzweck, sondern aus einer konkreten unternehmerischen Zielsetzung heraus betrieben wird. Dementsprechend müssen die Ziele und damit die Inhalte der Personalentwicklung unternehmensstrategisch begründet sein und Kompetenzen fokussieren, welche zur Verwirklichung von strategischen Unternehmenszielen benötigt werden.[19]

Personalentwicklung soll daher vorläufig als mitarbeiterzentrierte kooperative und strategisch angelegte Kompetenzvermittlung verstanden werden,

---

[15] Olfert, 2006, 375
[16] vgl.: Bröckemann, 2007, 443
[17] vgl.: Berthel/Becker, 2003, 261
[18] vgl.: Peterke, 2006, 146ff
[19] vgl.: Solga et al., 2008, 19

welche systematisch sowohl die Anforderungen zur Umsetzung der Unternehmensziele, wie auch die Neigungen und Fähigkeiten des Mitarbeiters zur Erreichung individueller Ziele berücksichtigt.

2.2 Reflexive Wende der Personalentwicklung

Die Personalentwicklung hat innerhalb der letzten fünfundzwanzig Jahre einerseits an Bedeutung, andererseits auch an Profil gewonnen. Ausgehend von einer Vielzahl vorwiegend theoretischer und mitunter technokratischer Konzepte zu Beginn der achtziger Jahre hat sich die Personalentwicklung inzwischen zu einem praxisorientierten und individuenzentrierten Teilbereich des Human Resource Managements entwickelt.[20] Dabei haben sowohl Praxiserfahrungen, wie auch die Integration psychologischer, pädagogischer und soziologischer Aspekte einen Beitrag zum Perspektivenwechsel geleistet.[21] Mitbedingt durch diese neuen Einflüsse hat sich die Betrachtung des Mitarbeiters vom Produktionsfaktor zum lernenden Individuum gewandelt.[22] Daher gehen gegenwärtige Deskriptionen von einem das Individuum begleitenden, bedürfnisorientierten Personalentwicklungsgedanken aus, welcher versucht, „[…] durch laufende interne und externe Weiterbildungsmaßnahmen die Lernfähigkeit und -bereitschaft der Organisationsmitglieder zu fördern, um eine bestmögliche Ziel- und Leistungsorientierung gewährleisten zu können."[23]

Jedoch nicht nur die bedürfnisorientierte Perspektive, sondern auch die zunehmende Erkenntnis, dass die ausschließliche Vermittlung von Fachwissen angesichts der Veränderungsgeschwindigkeit von Technologien und Unternehmensumwelt keinen nachhaltigen Wettbewerbsvorteil sichern kann, sondern vielmehr der Aufbau einer ganzheitlichen beruflichen Handlungskompetenz angesichts der neuen Anforderungen von entscheidender Bedeutung ist, prägen das neue Verständnis von Personalentwicklung. Die fokussierte Handlungskompetenz zielt auf eine pragmatische Orientierung an den tatsächlichen Anforderungen der gesellschaftlichen Praxis und der von dieser geforderten individuellen Problemlösefähigkeit.[24] Sie kann dementsprechend im Arbeitskontext als „[…] Integration kognitiver, emotiona-

---

[20] vgl.: Kossbiel, 1982, Ringlstetter/Kaiser, 2008, 187ff
[21] vgl.: Sonntag, 1999, 15ff; Minssen, 15ff
[22] vgl.: Neuberger, 1991, 3
[23] Hentze et al., 2005, 255
[24] vgl.: Schiersmann, 2007, 51; Arnold, 2001, 176

ler, motivationaler, und sozialer Aspekte menschlichen Handelns in der Arbeitssituation"[25] verstanden werden und umfasst konkret die Kompetenzarten Fachkompetenz, Sozialkompetenz, Methodenkompetenz und Personalkompetenz.[26]

Doch auch die Anforderungen an den Mitarbeiter sind angesichts dieses Paradigmenwechsels gestiegen, da nun auch neue kognitionspsychologische Bereiche gefordert werden. Insbesondere vor diesem Hintergrund ist einerseits ein hohes Maß an Transparenz gegenüber dem Mitarbeiter, aber auch seine aktive Einbindung erforderlich.[27] Trotz dieses Perspektivenwechsels hat sich der Grundgedanke der Personalentwicklung kaum verändert, da nach wie vor die Fähigkeitsentwicklung der Mitarbeiter zur Verwirklichung der Unternehmensziele im Fokus steht.[28]

2.3 Ziele der Personalentwicklung

Die Personalentwicklungsziele werden sowohl durch den disziplinären Zugang zur Thematik, wie durch die Vorstellungen der Prozessbeteiligten, primär der Unternehmensleitung, vertreten durch die Personal(entwicklungs)abteilung, und dem Mitarbeiter determiniert.[29] Vor dem Hintergrund der damit einhergehenden Zieldivergenzen existiert bis dato keine übergreifende Definition von Personalentwicklungszielen. Trotz der spezifischen Einzelzielsetzungen lässt sich, wie bereits während der Betrachtung des Basisverständnisses der Personalentwicklung aufgezeigt, ein gemeinsames Kernziel erkennen, welches in einer mitarbeiterzentrierten kooperativen und strategisch angelegten Kompetenzvermittlung in Abhängigkeit von Unternehmenszielen und Mitarbeiterfähigkeiten besteht.

In diesem Kontext ist die fundamentale Einlassung Hungenbergs zu berücksichtigen, nach welcher angesichts dieser Zielsetzung der Personalentwicklung eine kontinuierliche Kongruenzprüfung von arbeitsplatzbezogener Anforderung und individueller Befähigung notwendig sei.[30] Diese Feststellung erweist sich vor allem im Hinblick auf die reflexive Wende der

---

[25] Erpenbeck/Heyse, 1996, 19

[26] vgl.: Rosenstiel, 2003, 148; Pätzold, 2006, 176

[27] vgl.: Mentzel, 2005, 9; Bröckermann, 2007, 423ff

[28] vgl.: Laske, 1987, 165; Kleinmann, 1998, 10; Ridder, 2007, 150

[29] vgl.: Peterke, 2006, 96, Drumm, 2005; Olfert, 2006; Bröckermann, 2007; Jung, 2003

[30] vgl.: Hungenberg, 1990, 29

Personalentwicklung als eminent, denn die fundamentale Zielsetzung der Personalentwicklung hat sich in ihrem Kerngehalt durch diesen Wandel kaum verändert, wohl aber die operative Gestaltung der Personalentwicklungsziele und die inhaltliche Zielsetzung der Kompetenzentwicklung. Die gleichzeitig unterstellte Zentrierung des Unternehmensinteresses ist angesichts der nunmehr obligatorischen Berücksichtigung der Mitarbeiterinteressen gleichsam obsolet, die inhaltliche Anpassung der operativen Kompetenzentwicklung hingegen aktuell und verpflichtend.

Ausgehend von der These, dass die Personalentwicklungsziele der Beteiligten regelmäßig divergieren, wird dementsprechend auch die Ansicht vertreten, dass eine Kernaufgabe der Personalentwicklung darin bestehen müsse, einen Interessenausgleich zwischen Mitarbeiter- und Unternehmensinteresse herzustellen.[31] Gleichsam existieren jedoch auch Meinungen, dass die somit erzwungene Zielkomplementarität den Nutzen und die theoretische Reliabilität von Personalentwicklungsmaßnahmen in Frage stelle und nicht sinnvoll sei.[32] Ungeachtet dessen gilt es jedoch zu berücksichtigen, dass die Bereitschaft des Mitarbeiters an Personalentwicklungsmaßnahmen teilzunehmen eine Prämisse für dessen Motivation und damit für den Erfolg der Maßnahme von fundamentaler Bedeutung ist.

Vor diesem Hintergrund sollen nun die Personalentwicklungsziele des Mitarbeiters und des Unternehmens vorgestellt werden, bevor eine dezidierte Auseinandersetzung im Rahmen einer strukturellen Eingrenzung erfolgen soll.

2.3.1 Mitarbeiterperspektive

Die aktive Einbeziehung von Mitarbeitern in das Personalentwicklungskonzept fordert auch eine Auseinandersetzung mit deren individuellen Zielen und Bedürfnissen. Diese sind regelmäßig subjektiv angelegt, wodurch sich deren individuenspezifische Wertzumessung und damit eine unüberschaubare Anzahl potenzieller Einzelziele ergibt. Eine Darstellung aller denkbaren individuellen Personalentwicklungsziele ist innerhalb einer analytischen Vorgehensweise zwar nicht möglich, allerdings existieren bereits unterschiedliche Ansätze die häufigsten Ziele, Bedürfnisse und Erwartungshaltungen der Mitarbeiter im Rahmen der Personalentwicklung zu

---

[31] vgl.: Becker/Berthel, 2003, 270
[32] vgl.: Thom, 1992, 341f; Mudra, 2004, 133f

identifizieren, welche jedoch hinsichtlich der Zieldifferenzierungen, Ziel-klassifizierungen, des Inhalts und der Tiefe differieren.

So präsentiert sich die Darstellung der Mitarbeiterziele bei Jung durch eine deutliche Symbiose von Mitarbeiter- und Unternehmenszielen der Perso-nalentwicklung, was keine eindeutige Differenzierung zulässt.[33] Eine Un-terscheidung in materielle und immaterielle Mitarbeiterziele nehmen hin-gegen Süß und Scherm vor, wobei sie die materiellen Bedürfnisse haupt-sächlich in der Vergütung und die immateriellen Aspekte durch Karriere-perspektiven und eine Reputationssteigerung charakterisieren.[34] Diese Klassifizierung erscheint aufgrund der geringen Differenzierungstiefe aber nur eingeschränkt analytisch nutzbar.

Eine vollkommen andere Qualität beweist die durch extreme Differenzie-rungstiefe präsentierte Klassifizierung Mudras. Er unterscheidet katego-risch und subsummiert eine Vielzahl exemplarischer Mitarbeiterziele unter einzelne Kategorien:[35]

---

[33] vgl.: Jung, 2003, 247
[34] vgl.: Scherm/Süß, 2003, 104
[35] vgl.: Mudra 2004, 132f

Erhöhung der Wettbewerbsfähigkeit	Anpassung der Qualifikationen an die Anforderungen des Arbeitsplatzes
	Verbesserung der Qualifikation
	Übertragung höherer Verantwortung/ Übertragung qualifizierter(er) Aufgaben/Aufstiegsmöglichkeiten
Erhöhung der Flexibilität	Aktivierung bisher kaum oder nicht genutzter Kenntnisse und Fähigkeiten
	vielfältigere/abwechslungsreichere Aufgaben
	Sicherung bzw. Erhöhung der unternehmensinternen bzw. beruflichen (individuellen) Mobilität
Erhöhung der Motivation und Integration	Verbesserung des Einkommens
	Persönliches Prestige
	(Weitere) Karriere- und Aufstiegsmotive, z.b. Übernahme einer Führungsaufgabe
	erlebbare Selbstentfaltung
	Erhöhung des Selbstbewusstseins
	Klärung der Hintergründe von Entscheidungs- und Handlungsprozessen im Unternehmen (Transparenz)
Sicherung/Anpassung der Qualifikation	Rechtzeitiger fachlicher Up-to-date-Input für die sich ändernden Arbeitsplatzanforderungen
	Vorausschauende (proaktive) Qualifizierung für zukünftige berufliche/betriebliche Anforderungen
	Sicherung der erreichten Stellung (bzw. des Arbeitsplatzes)
Berücksichtigung individueller Befähigungen und Erwartungen	Minderung wirtschaftlicher Risiken (aufgrund technischer oder anderer Veränderungen im Unternehmen)
	Materielle Verbesserungen
	Erfüllung individueller Lern- und Entwicklungsbedürfnisse

Tabelle 1: Personalentwicklungsziele aus der Mitarbeitersicht nach Mudra

Sowohl Olfert wie auch Berthel und Becker verwenden im Gegensatz zu Mudra keine kategorisierte Darstellung der Personalentwicklungsziele aus Mitarbeiterperspektive, sondern belassen ihre Ausführungen bei einer unstrukturierten Darstellung, wobei Berthel und Becker jedoch ihren Aufzählungen den ergänzenden Hinweis auf den exemplarischen Charakter erteilen.[36]

---

[36] Berthel/Becker, 2003, 269

11

Olfert[37]	Berthel/Becker[38]
Erhalt und Verbesserung einer selbst-bestimmten Lebensführung	Ermöglichung einer eignungs- und Aufga-bengerechten Aufgabenzuweisung
Anpassung der persönlichen Qualifika-tion an die Arbeitsplatzerfordernisse	Anpassung der persönlichen Qualifikation an die Ansprüche des Arbeitsplatzes durch Auf-rechterhaltung und Verbesserung der fachli-chen Qualifikation
Optimierung der Qualifikation in der Fach- Führungs- und Sozialkompetenz	Verbesserung der Selbstverwirklichungs-chancen durch Übernahme qualifizierterer Aufgaben
Aktivierung bisher nicht genutzter Kennntisse und Fähigkeiten	Entfaltung der Persönlichkeit durch Bildung
Verbesserung der Selbstentfaltung durch Übernahme qualifizierterer Auf-gaben	Übertragung neuer, erweiterter Aufgaben
Aneignung karrierebezogener Voraus-setzungen für den beruflichen Aufstieg	Erhöhung des Prestiges
Verbesserung der Verwendungs- und Laufbahnmöglichkeiten	Erhöhung der Arbeitsplatzsicherheit, Schaf-fung karrierebezogener Voraussetzungen für den beruflichen Aufstieg
Optimierung von Einkommen, Position und Prestige	Sicherung eines ausreichenden/Erhöhung des bestehenden Einkommens
Erhöhung der individuellen Mobilität am Arbeitsmarkt	Erhöhung der individuellen Mobilität auf den Arbeitsmärkten
	Verbesserte Verwendungs- und Laufbahn-möglichkeiten
	Vermeidung von Überforderung
	Realisierung von Chancengleichheit

Tabelle 2: Personalentwicklungsziele aus der Mitarbeitersicht nach Olfert und Berthel/Becker

Die Betrachtung der Mitarbeiterziele ist also keinesfalls einheitlich erfasst, was letztlich in der subjektiven Betrachtungsweise der einzelnen Quellen begründet liegen dürfte. Allgemeine Tendenzen scheinen jedoch durch eine Verdichtung durchaus erkennbar und sollen an späterer Stelle durch eine Synopse konkretisiert werden.

---

[37] Olfert, 2006, 376f
[38] Berthel/Becker, 2003, 269

2.3.2 Unternehmensperspektive

Wie bereits vorstehend dargelegt, werden die Personalentwicklungsziele aus Unternehmenssicht maßgeblich durch die Unternehmensstrategie bzw. die strategischen Unternehmensziele bestimmt.[39] Diese können organisationsspezifisch abweichen, weshalb auch für die Unternehmen keine übergreifend stringent gestaltete Übersicht der Personalentwicklungsziele angeboten werden kann. Trotz dieser Diversifizierungsannahme kann gleichsam unterstellt werden, dass Unternehmen gemäß ihrer fundamentalen Zielsetzung der langfristigen Gewinnmaximierung ihre Unternehmensziele danach ausrichten.[40]

Vor diesem Hintergrund variieren die wissenschaftlichen Ansichten über die unternehmensspezifischen Betrachtungsweisen ähnlich wie bei der Betrachtung der Mitarbeiterperspektive: Drumm betrachtet die unternehmerischen Personalentwicklungsziele als Ausbau unternehmensspezifischer Kenntnisse und Fähigkeiten, Erfüllung von individuellen Zielen des Personals zur Weiterbildung und zum Erfahrungserwerb, institutionelle Verstetigung des Lernens und Veränderung von Werthaltungen des Personals.[41] Eine vollkommen andere Schwerpunktsetzung nehmen etwa Flato/Reinbold-Scheible vor, welche unter anderem auf Gehaltsfindung, Mitarbeiterbindung, Qualitätssteigerung, Unterstützung der Organisationsentwicklung und Kooperationsverbesserung abstellen.[42] Den differenziertesten Überblick bietet erneut Mudra an, welcher für die Unternehmensperspektive die gleiche Kategorisierung wie für die Mitarbeitersicht anbietet:[43]

---

[39] vgl.: Krämer, 2007, 13f
[40] vgl.: Schumann et al., 1999, 125
[41] vgl.: Drumm, 2005, 400
[42] vgl.: Flato/Reinbold-Scheible, 2006, 33f
[43] vgl.: Mudra, 2004, 132f

13

Erhöhung der Wettbewerbsfähigkeit	Deckung des qualitativen Personalbedarfs/Sicherung des erfolgreichen Bestandes an Fach- und Führungskräften
	Verbesserung der Arbeitsleistungen
	Senkung der Mitarbeiterfluktuation
	Wettbewerbsvorteile auf dem Arbeitsmarkt (erhöhte Attraktivität/Imagesteigerung)
	Anpassungsfähigkeit hinsichtlich veränderter Anforderungen (z.B. technologie- oder arbeitsmarktbezogen)
Erhöhung der Flexibilität	Flexible Organisationseinheiten
	Teamarbeit
	Innovationsfähigkeit/Innovationsfreudige Mitarbeiter
	Erweiterung der a) Auswahlmöglichkeiten b) der Einsatzmöglichkeiten der Mitarbeiter durch Zusatzqualifikationen
Erhöhung der Motivation und Integration	Höhere Zufriedenheit/Arbeitsmotivation bei der Belegschaft
	positive Auswirkungen auf das Betriebsklima
	Förderung der Identifikation mit den Unternehmenszielen
	Stärkere Integration der Mitarbeiter in das Unternehmen
Sicherung/Anpassung der Qualifikation	Nutzung der Mitarbeiterpotenziale und deren Entwicklung
	Anhebung des fachlichen und sozialen Qualifikationsniveaus
	Mittel- und langfristige Nachwuchssicherung/-förderung
Berücksichtigung individueller Befähigungen und Erwartungen	Vermeidung von Überforderung
	Festigung/Erhöhung der Arbeitsplatzsicherheit
	Berücksichtigung von unternehmensseitigen Leistungserwartungen im Kontext von Entwicklungserwartungen der Mitarbeiter
	Realisierung von Chancengleichheit unter Berücksichtigung (differenzierender) Eignungsgrundlagen

Tabelle 3: Personalentwicklungsziele aus der Unternehmenssicht nach Mudra

Deutlich unstrukturierter als Mudra, jedoch klar umfangreichere mögliche Zielsetzungen als Drumm und Flato/Reinhold-Scheible bieten Olfert und Becker/Berthel an. Olfert führt hier als unternehmensbezogene Personalentwicklungsziele an:[44]

---

[44] vgl.: Olfert, 2006, 376

Langfristige Sicherung von Fach- und Führungskräften
Auswahl der qualifizierten Mitarbeiter aus dem vorhandenen Angebot
Richtige Platzierung der Mitarbeiter an den ihnen entsprechenden Arbeitsplätzen
Erhaltung und Förderung der Qualifikation der Mitarbeiter
Anpassung an die Erfordernisse der Technologie und der Marktverhältnisse
Ermittlung von Nachwuchskräften
Ermittlung des Führungspotenzials
Förderung der Fach-, Management-, Sozialkompetenz des Nachwuchses
Vorbereitung für höherwertigere Tätigkeiten
Vermittlung zusätzlicher Qualifikationen
Gewinnung von Nachwuchskräften aus den eigenen Reihen
Rechtzeitige Nachfolgeregelungen
Diagnose und Änderung von Fehlbesetzungen
Verbesserung des Leistungsverhaltens der Mitarbeiter
Verbesserung der innerbetrieblichen Kooperation und Koordination
Senkung der Fluktuation

Tabelle 4: Personalentwicklungsziele aus der Unternehmenssicht nach Olfert

Becker/Berthel äußern sich im Gegensatz zu ihrer Darstellung der Mitarbeiterperspektive vergleichsweise kurz und ungeordnet. Sie führen als Personalentwicklungsziele aus der Sicht des Unternehmens lediglich die Aspekte Leistungsverbesserung, Sicherung des Mitarbeiterbestands, Befriedigung des Bildungsbedarfs, Ausgleich konträrer Interessen und die Erfüllung individueller Mitarbeiterwünsche an.[45]

Auch die Darstellung der unternehmensbezogenen Personalentwicklungsziele präsentiert sich somit uneinheitlich und ist durch verschiedene Schwerpunktsetzungen gekennzeichnet. Gleichsam sind auch hier Tendenzen erkennbar, welche ebenfalls an späterer Stelle durch eine Synopse zu konkretisieren und klassifizieren sind.

2.4 Vorläufiges Fazit

Aus den bisherigen Ausführungen lässt sich konstatieren, dass sich die Personalentwicklung inzwischen als ein interdisziplinärer Forschungsbereich darstellt. Dies ist auf eine in den letzten zwei Dekaden vollzogene reflexive Wende der Personalentwicklung zurückzuführen, welche durch die Inklu-

---

[45] vgl.: Berthel/Becker, 2003, 268

sion diverser wissenschaftlicher Disziplinen einen veränderten Zugang zum arbeitenden Menschen schuf und nunmehr auf eine optimale Entwicklung seiner individuellen Fähigkeiten unter Berücksichtigung der Unternehmenserfordernisse, aber auch der Neigungen des Mitarbeiters abstellt.

Dementsprechend besteht die zentrale Aufgabe der Personalentwicklung nun in der mitarbeiterzentrierten kooperativen und strategisch angelegten Kompetenzvermittlung, welche systematisch sowohl die Anforderungen an das Personal zur Erreichung der Unternehmensziele, wie auch die Neigungen und Fähigkeiten des Mitarbeiters zur Erreichung seiner persönlichen Ziele berücksichtigt. Trotz dieses kooperativen Vorgehens bestehen partielle Divergenzen zwischen den Zielen der Personalentwicklung aus Mitarbeiter- und Unternehmenssicht. Aber auch innerhalb der einzelnen akteurbezogenen Zielsetzungen existieren heterogene Ansichten, welche im Rahmen einer strukturellen Eingrenzung und einer Synopse zu klassifizieren und zu analysieren sind.

3. MOTIV(ATION) UND MOTIVATIONSTHEORIEN

Wie bereits dargestellt, besteht das weitgehend generische Ziel der Personalentwicklung in der individuenfokussierten Kompetenzvermittlung, im
Hinblick auf die strategischen Unternehmensziele unter Berücksichtigung
der Veranlagung des Mitarbeiters.

Weiterhin konnte aufgezeigt werden, dass sich die Personalentwicklung in
den letzten Jahren zu einem interdisziplinären angelegten Forschungsgebiet
entwickelt hat, in welchem verschiedene Rahmenbedingungen und Konzepte unterschiedlicher wissenschaftlicher Disziplinen zum Tragen kom-
men. Sowohl mit den Zugängen der Sozialwissenschaften, wie auch mit
jenen der Psychologie hat eine wissenschaftliche Ausrichtung Einzug in
diese vormals betriebswirtschaftliche Domäne genommen, die speziell eine
individuenzentrierte Personalarbeit zulässt.

Insbesondere die Motivationspsychologie lässt eine tiefgreifende Auseinandersetzung mit solchen Fragestellungen zu, welche die individuellen
Beweggründe der Verfolgung eines angestrebten Ziels betreffen, denn unter den Terminus Motivation subsummiert die Psychologie zunächst allgemein alle Vorgänge und Faktoren, welche menschliches Verhalten auslösen
bzw. verständlich machen.[46] Die Präzisierung dieser Umschreibung ist jedoch in hohem Maße von der zugrunde gelegten Motivationstheorie abhängig, welche autorenabhängig ein differenziell-divergierendes Verständnis
vermitteln.

Allerdings führen bereits im Rahmen der allgemeinen psychologischen De-
finitionsfassung des Motivationsbegriffes zu unterschiedlichen, aber dennoch komplementären Erkenntnissen. So legt Myers seinen Schwerpunkt
auf die Motivationskonstituierung und -auswirkung, indem er ausführt,
dass diese das menschliche Verhalten fördere und steuere und sie die Kraft
hinter den Bedürfnissen, etwa einem Erfolgserlebnis sei.[47] Eine abweichen-
de, aber sinnvoll ergänzende prozessbeschreibende Deskription von Motivation liefern Zimbardo/Gerrig durch die Beurteilung, dass diese der Prozess der Initiierung, der Steuerung und der Aufrechterhaltung physischer
und psychischer Aktivitäten, einschließlich jener Mechanismen, welche die
Bevorzugung einer Aktivität sowie die Stärke und Beharrlichkeit von Re-

---

[46] vgl.: Heckhausen/Heckhausen, 2006, 1; Meyer, 2005, 83ff
[47] vgl.: Myers, 2005, 500

aktionen steuern, sei.[48] Die Motivation scheint also allgemein betrachtet Motor des menschlichen Handelns zu sein.

Dennoch steht zu vermuten, dass nicht nur die zugrunde gelegte Motivationstheorie oder die unterschiedlichen Definitionsansätze innerhalb der Psychologie eine Analyse in der hier angestrebten Form determinieren können, sondern – wie durch die Psychologie selbst eingeräumt – in der Motivation letztlich nur ein Bestimmungsgrund für menschliches Verhalten neben anderen zu sehen ist.[49] So können etwa Konzepte anderer wissenschaftlicher Disziplinen, wie beispielsweise das soziologische Konzept des symbolischen Interaktionismus, gleichsam zur – mitunter abweichenden – Erklärung menschlichen Verhaltens beitragen oder eine andere Position beziehen.[50]

Um eine entsprechend klare und stringente Ausführung anbieten zu können, muss bereits hier eine disziplinäre und kontextuelle Eingrenzung erfolgen. Demzufolge soll im Rahmen dieser Arbeit primär eine motivationspsychologische Perspektive unterstellt werden. Gegenstand der Motivationspsychologie ist dabei das Erkenntnisinteresse über Erklärungen des menschlichen Verhaltens, dessen Intensität und dessen Zeitdauer.[51] Weiterhin muss dieses Verständnis nochmals dahingehend spezifiziert werden, dass der Fokus auf einer berufsspezifischen Betrachtung des Menschen liegt, dessen individuelle Fähigkeiten zu seiner Berufsausübung entwickelt werden sollen. Aufgrund der terminologischen Vielfalt und des psychologischen Dogmas, dass die Motivation lediglich eine Handlungsdeterminante mehrer Bestimmungsgrößen sein kann,[52] erfolgt nun eine Vorstellung und begriffliche Spezifizierung der motivationspsychologischen Aspekte dieser Arbeit.

3.1 Motiv und Motivation

Die Motivation basiert zuvorderst auf den individuellen Bedürfnissen des Menschen. Er strebt prinzipiell nach deren Befriedigung, da durch die Existenz von Bedürfnissen ein Mangelempfinden ausgelöst wird, welches das

---

[48] vgl.: Zimbardo/Gerrig, 2004, 503
[49] vgl.: Rosenstiel et al., 2005, 255
[50] vgl.: Mead, 1969
[51] vgl.: Campbell/Pritchard, 1976, 65
[52] vgl.: Schneider/Schmalt, 2000, 19

Individuum abzustellen versucht.[53] Der Begriff des Motivs kann zunächst dahingehend in dieser Logik verortet werden, als es den partiellen bzw. potenziellen Auslöser für eine zielgerichtete Handlung des Menschen darstellt, denn es beinhaltet einerseits das Empfinden eines Mangels und andererseits die Erwartung, durch eine Handlung diesen Mangel zu befriedigen. Durch diese duale Eigenschaft wird das Motiv Antrieb und Richtung des menschlichen Verhaltens beeinflussen.[54]

Grundsätzlich sind die Bedürfnisstrukturen des Menschen, welche eine Bedürfnispriorisierung enthalten, höchst individuell angelegt. Zur Erklärung der Konfiguration dieser Strukturen existieren gegenwärtig zwei fundamentale Ansätze: Der wissenschaftliche Mainstream tendiert erstens zu der Auffassung, dass die genetische Basis des Individuums eine wesentliche Bestimmungsgröße der Bedürfnis- und damit der Motivstrukturen darstellt.[55] Hinzu tritt zweitens die ebenfalls weit verbreitete Ansicht, dass die grundsätzlich vorhandene Motivstruktur insbesondere durch die Sozialisation des Menschen ausgeformt wird.[56] Darüber hinaus wird ergänzend die mögliche Modifizierung der Motivstruktur durch den Prozess des lebenslangen Lernens weitgehend unterstellt.[57] Insofern kann zwar weiterhin eine individuelle Struktur der menschlichen Motive unterstellt werden, gleichwohl steht zu vermuten, dass sie in den meisten Fällen kontextuell bestimmt ist und verändert werden kann. Dementsprechend findet der Begriff des Motivs auch zur Bezeichnung von thematisch abgrenzbaren Bewertungsdispositionen Anwendung.[58]

Frühere Untersuchungen gingen von einer ausschließlich umweltbasierenden Reiz-Reaktions-Kopplung als Grundlage für das menschliche Handeln aus.[59] Wenngleich diese These zwischenzeitlich als widerlegt gilt, so ist der Umweltaspekt nicht vollständig als Faktor für das menschliche Handeln zu vernachlässigen, denn ausgelöst wird eine menschliche Handlung in Gestalt einer Aktion letztlich durch die Kombination von einem Motiv und einem zusätzlichen Anreiz. So kann ein Motiv als personenseitige Verhaltensdeterminante nur in dem Ausmaß verhaltenswirksam werden, wie es durch

---

[53] vgl.: Zimbardo/Gerrig, 2004, 504ff
[54] vgl.: Grimm/Vollmer, 2004, 106
[55] vgl.: Geen, 1998, 25
[56] vgl.: Deci/Ryan, 1991, 237ff
[57] vgl.: Brandstätter, 1999, 60
[58] vgl.: Schneider/Schmalt, 2000, 15
[59] vgl.: Heckhausen/Heckhausen, 2006, 5

situative Reize angeregt wird. Umgekehrt kann ein Anreiz als situationsseitige Verhaltensdeterminante nur in dem Maß verhaltenswirksam werden, wie er auf die entsprechende Motivdisposition im Individuum trifft. Dieses Aufeinandertreffen von Motiv und Anreiz aus dem ein Zustand der Motivierung resultiert wird als Motivanregung bezeichnet.[60]

Die Komplexität dieses Konstrukts lässt sich durch den Einwand vervielfachen, dass sich das menschliche Verhalten nicht aus der Kombination eines konkreten Motives in einer konkreten (Anreiz)Situation schließen lässt, sondern in jeder einzelnen Situation mehrere Motive in Verbindung mit der Situation die menschliche Handlung hervorrufen. Die Motivation kann also als multikomplexe Verknüpfung einer Vielzahl von aktivierten Motiven innerhalb einer bestimmten Situation definiert werden, wobei Richtung, Stärke und Dauer des individuellen Verhaltens abhängig von den Erfahrungen, Fähigkeiten und Fertigkeiten des Individuums bestimmt werden. Somit offenbaren sich an dieser Stelle insgesamt drei beeinflussbare Verhaltensparameter, wobei insbesondere der durch Sozialisation erzeugten Motivstruktur im Folgenden Beachtung geschenkt werden soll:

1. Die im Rahmen der Sozialisation gestaltbare individuelle Motivstruktur,

2. welche im Laufe des Lebens durch den Prozess des Lernens permanent modifiziert werden kann und

3. die Gestaltungsmöglichkeit des situativen Anreizes

3.1.1 Motivationsprozess

Nach Klärung der Terminologie und der motivationstheoretischen Wirkungszusammenhänge soll nun ein kurzer Blick auf den Prozess der Motivation erfolgen. Wie bereits dargestellt, haben Anreize eine maßgebliche Funktion innerhalb des Motivationsprozesses. Durch die Induktion eines bestimmten Anreizes können bei einem Menschen auch nur latent vorhandene Motive aktiviert werden. Mit der Anreizinduktion geht die Erzeugung einer Erwartungshaltung einher, deren Intensität und Richtung vom subjektiv empfundenen Grad der Bedürfnisbefriedigung bestimmt wird. Über den Verstand vergleicht das Individuum die Bedeutung des Ziels, die aktuelle

---

[60] vgl.: Schneider/Schmalt, 2000, 19

Situation und die zur Verfügung stehenden Alternativen mit erlernten früheren Situationsklärungen und Lösungswegen zur Erreichung des (erstrebenswerten) Ziels. Mit Erreichung des Ziels nimmt der Grad der Bedürfnisbefriedigung ab und die Konstitution eines neuen Mangelempfindens zu.[61]

Der konkrete Motivationsprozess wird häufig in verschiedene Phasen eingeteilt, wobei in der Literatur unterschiedliche Modelle angeboten werden.[62] Gemeinsam ist den meisten, dass sie die Gestalt eines kybernetischen Regelkreises aufweisen.[63] Dabei steht am Anfang des Motivationsprozesses immer ein individuelles Bedürfnis und der Aufbau einer Bedürfnisspannung. Daraufhin sucht das Individuum nach Möglichkeiten, dieses Bedürfnis zu befriedigen und wählt gegebenenfalls unter verschiedenen zur Verfügung stehenden Alternativen die zielführendste aus. An dieser Stelle tritt nun das zielgerichtete Verhalten des Mitarbeiters in Erscheinung, welches (im erfolgreichen Falle) dazu führt, dass sich eine Befriedigung dieses Bedürfnisses einstellt und das Mangelempfinden abnimmt. An die Stelle des inzwischen befriedigten Bedürfnisses tritt nun ein neues bzw. anderes Bedürfnis.[64] Entscheidend bei der Initiierung des Motivationsprozesses ist die Motivbildung als „Zündfunke" des Prozessmotors, welcher im Zusammenwirken mit dem situativen Anreiz somit den Ausgangspunkt des individuellen Verhaltens darstellt.[65]

3.1.2 Einteilung der Motive

Motiv und Motivstruktur nehmen also eine zentrale Position im Motivationsprozess ein. Vor diesem Hintergrund wurden bereits vielfältige Versuche unternommen, Motive zu klassifizieren. Im Arbeitskontext der Personalentwicklung stellt sich dies jedoch bislang wenig systematisiert und meist ohne theoretische Begründung dar.[66] Vor diesem subjektiven Hintergrund kann insofern vermutet werden, dass die Einteilung von Motiven nicht einheitlich gestaltet und der gewählte Zugang stark von der zugrunde gelegten Motivationstheorie abhängig ist und somit keine universale An-

---

[61] vgl.: Weiner, 1994, 118f
[62] vgl.: Toates, 1986, 32
[63] vgl.: Stroebe/Stroebe, 1994, 30f
[64] vgl.: Grimm/Vollmer, 2004, 112, Rosenstiel et al., 2005, 260ff
[65] vgl.: Weibler, 2001, 203ff
[66] vgl.: Thomae, 1965, 45ff; Gebert/Rosenstiel, 2002, 45ff

wendbarkeit finden kann. Losgelöst vom Arbeitskontext existieren verschiedene Motiveinteilungsmöglichkeiten, wobei die nachfolgende etabliert ist und nachfolgend verwendet werden soll:

a) Physische, psychische und soziale Motive

b) Primäre und sekundäre Motive

c) Intrinsische und extrinsische Motive

Die physischen Motive umfassen grundlegende biologische Bedürfnisse, deren Befriedigung die Sicherung der menschlichen Existenz verlangt. Psychische Motive hingegen zielen auf immaterielle (höhere) Richtungspunkte wie etwa Selbstverwirklichung oder Selbstentfaltung. Die sozialen Motive schließlich sind bestimmt durch das Bedürfnis nach Zugehörigkeit zu einer sozialen Gruppe oder auch nach Freundschaft.[67]

Eine weitere Einteilungsmöglichkeit bietet die Unterscheidung nach primären und sekundären Motiven, wobei erstere instinktgesteuerte wie etwa biologische Motive umfassen, die sekundären Motive hingegen lediglich mittelbare Ziele auf dem Weg zur Befriedigung der primären Motive darstellen.[68]

Letztlich ist eine Einteilung von Motiven durch die Differenzierung in intrinsische und extrinsische Motive möglich. Diese Einteilung gibt Aufschluss darüber, inwiefern eine Aktivität bereits selbst ein Motiv enthalten kann oder ob das zur Ausführung notwendige Motiv erst durch externe Einwirkungen geschaffen werden muss.[69]

Vor dem Hintergrund der möglichen Varianten zur Einteilung von Motiven innerhalb des Motivationskonzeptes soll sich im Rahmen dieser Arbeit der Auffassung von Rosenstiel et al. angeschlossen werden, welche darauf hinweisen, dass Zugänge wie etwa jene von Vroom und Neuberger angesichts ihrer eingeschränkten theoretischen Fundierung nur sehr eingeschränkt nutzbar seien, neuere Ansätze kaum entwickelt wurden und in erster Linie klassische Konzepte im Arbeitskontext Verwendung finden sollten.[70] Einen klassischen Zugang im Arbeitskontext stellt insbesondere die

---

[67] vgl.: Zimbardo/Gerrig, 2004, 785ff

[68] vgl.: Bischoff, 2008, 465f

[69] vgl.: Deci/Ryan, 1985; Withauer, 1989, 43

[70] vgl.: Rosenstiel et al., 2005, 264f ; Vroom, 1964 ; Neuberger, 1978

Einteilung in intrinsische und extrinsische Motive dar, wie sie auch von Rüttinger et al. vorgenommen wurde.[71] Diese Unterscheidung soll dementsprechend auch vor dem Hintergrund ihrer wissenschaftlichen Verbreitung im Folgenden näher vorgestellt werden.

3.1.3 Intrinsische und extrinsische Motive

Die Differenzierung von Motiven in solche intrinsischer und extrinsischer Natur stellt, wie bereits ausgeführt, eine klassische Vorgehensweise dar. Die Suche nach den etymologischen Ursprüngen führt zu den englischen Bedeutungen beider Termini. Intrinsisch wird dabei als „[...] belonging to or part of the real nature of something [...]"[72], "extrinsisch" hingegen als das exkludierende Gegenstück verstanden.[73] In diesem Sinne wird auch in der Psychologie gemeinhin unter intrinsischer Motivation jene Handlungsinduktion verstanden, innerhalb derer sich durch die Wahrnehmung der Tätigkeit selbst, ohne die Einwirkung externer Einflussgrößen eine Befriedigung einstellt.[74] Extrinsisch wird ein Individuum hingegen durch die Einwirkung externer Faktoren motiviert. Der Mensch wird nicht durch die Wahrnehmung der Tätigkeit selbst motiviert, sondern die Bedürfnisbefriedigung findet über die Begleitumstände der Aktion statt. So kann die berufliche Tätigkeit aus extrinsischer Perspektive etwa als Mittel zur Verfolgung anderer Motive, z.B. zur Erlangung von Sicherheit, Prestige oder zur Sicherung des Lebensunterhaltes betrachtet werden.[75]

Für die Personalentwicklung ist diese Differenzierung von Bedeutung, um die Motivation der Mitarbeiter hinsichtlich der individuellen Kongruenzanalyse von betrieblichen und persönlichen Zielen des Mitarbeiters zur Optimierung der individuellen Leistungsfähigkeit feststellen zu können. Dabei wurde in frühen Ansätzen vorrangig der extrinsischen Motivation Beachtung geschenkt, da die sich durch die externen Implikationen ergebenden Effekte vergleichsweise gut beobachtbar waren. Vor allem die neueren Ansätze richten ihren Fokus jedoch auf das Leistungsverhalten der Mitarbeiter durch intrinsische Motivation. Einen bedeutenden Beitrag hierzu leistete Csikszentmihalyi, wessen Fundamentaltheorie darauf beruht, dass intrin-

---

[71] vgl.: Rüttinger et al., 1974
[72] Hornby/Wehmeier, 2003, 683
[73] vgl.: Hornby/Wehmeier, 2003, 445
[74] vgl.: Deci/Ryan, 1985
[75] vgl.: Withauer, 1989, 43

sisch motivierte Aktivitäten optimale Herausforderungen darstellen und eine Person in jenem Moment ein „Flowerlebnis" hat, wenn sie sich in Gänze einer Aufgabe stellt, in dieser aufgeht und Faktoren, welche die eigene Belastung betreffen, vollständig in den Hintergrund stellt. Der Umfang, in dem Spaß an der Tätigkeit und ein Flowerlebnis entstehen können, wird dabei durch klare Zielvorgaben, Feedback zum vollzogenen Handeln und eine Abwägung von situativen Herausforderungen und den Möglichkeiten des Handelnden determiniert.[76] Der zielführendste Ansatzpunkt zur optimalen Leistungsentfaltung des Mitarbeiters sollte also vor allem in der Bereitstellung der primär individuellen und sekundär betrieblich synergetisch sinnvollsten Aufgabe bestehen. Eine solche Vorgehensweise bietet sich aber nicht nur angesichts der vordergründigen Leistungssteigerung des Mitarbeiters, sondern auch weitreichender betrachtet für seine weitere Entwicklung an, da intrinsisch motivierte Menschen nicht nur zu kreativen Lösungen für die ihnen anvertrauten Aufgabenstellungen neigen[77], sondern auch Lernsituationen effizienter begegnen als extrinsisch motivierte Individuen.[78]

Die intrinsische Motivation scheint also deutlich kontinuierlicher, wirksamer und effizienter als die extrinsische zu sein. Diese These lässt sich insbesondere auf die Situation des Individuums als Gegenstand der Personalentwicklung anwenden, da extrinsisch wirkende Einflüsse, die sich etwa durch eine Lohn- oder Gehaltserhöhung ergeben, sehr schnell aktualisiert werden und ihre Wirkung verlieren.[79] Eine Kombination von erkannter intrinsischer Motivation und der Zuführung von extrinsisch wirkenden Implikationen wie etwa Belohnungen ist indes kein geeignetes Mittel zur optimalen Motivation des Mitarbeiters, da die intrinsische Motivation, also der Wunsch etwas um seiner selbst Willen zu tun, durch extrinsisch wirkende Faktoren zerstört werden kann.[80] Vor diesem Hintergrund ist also vor allem solchen Motiven, welche intrinsische Motivation initiieren, besondere Beachtung zu schenken.

---

[76] vgl.: Csikszentmihalyi, 2005
[77] vgl.: Amabile/Hennessey, 1992, 55
[78] vgl.: Krapp, 1992, 747ff
[79] vgl.: Olfert, 2006, 215
[80] vgl.: Deci/Ryan, 1985

3.2 Realtypische Menschenbilder als Motivindikatoren

Die wissenschaftliche Auseinandersetzung mit den Motiven, Bedürfnissen und Werten von Mitarbeitern erfolgt erst seit dem Ende des 19. Jahrhunderts. Zuvor wurde der arbeitende Mensch als unmündige Arbeitskraft betrachtet, die keinesfalls eigene Entscheidungen treffen kann und geführt werden muss. Führung und Karriere waren von der gesellschaftlichen Position bestimmt. Die technischen und arbeitsbezogenen Umstände, welche mit neuen Produktionsmethoden im Zuge der fortschreitenden Industrialisierung einher gingen, führten zu ersten mitarbeiterbezogenen Untersuchungen. Diese Analysen dienten seinerzeit jedoch weniger der Erforschung der Mitarbeitermotive und -bedürfnisse als der Effizienzsteigerung des Produktionsprozesses. Dies hat sich im Laufe der letzten einhundert Jahre jedoch grundlegend geändert, da die Motivation des Mitarbeiters sukzessive als eine Fundamentalbedingung der Produktivitätssteigerung erkannt wurde.

Die Motivationspsychologie setzt sich wie dargestellt mit der Ursachenanalyse des menschlichen Verhaltens auseinander. Die damit verbundene Theoriebildung ist von dem (subjektiv) zugrundegelegten Bild des Menschen bestimmt. Dieses hat sich analog zu den arbeitswissenschaftlichen und motivationspsychologischen Erkenntnissen der vergangenen einhundert Jahre entwickelt. Für die Konstruktion solcher arbeitsplatzbezogener Menschenbilder sind entwicklungspsychologisch betrachtet neben den betrieblichen Rahmenbedingungen jedoch auch Alltagserfahrungen und erworbenes soziales Wissen im beruflichen Kontext von großer Bedeutung.[81] Vor diesem Hintergrund sind aus diesem ursprünglich vom unmündigen Menschen ausgehenden Paradigma zunächst das des rational handelnden Menschen (economic man), gefolgt von dem des Menschen als sozialem Wesen (social man) und schließlich die modernen Betrachtungsweisen des selbstverwirklichenden (self-actualizing) und vielschichtigen Menschen (complex man) entwickelt worden.[82] Diese vier erstmals von Schein als idealtypisch charakterisierten Menschenbilder sollen analog zu den technischen und psychologischen Entwicklungen auch für die Vorstellung der zugrundeliegenden Paradigmen Verwendung finden.[83] Da diese Menschenbilder grundsätzlich unterschiedliche menschlichen Eigenschaften unterstellen, lassen sich aus ihnen auch verschiedenartige Grundannahmen über die Zie-

---

[81] vgl.: Oerter, 1999, 19
[82] vgl.: Gonschorrek, 1989, 27
[83] vgl.: Schein, 1980, 50ff

le, Werte und Bedürfnisse, jedoch insbesondere solche über das motivierte menschliche Handeln deduzieren.[84] Dies gilt implizit für die unterschiedlichen Perspektiven, welche sich durch unterschiedliche disziplinäre Zugänge ergeben können.[85]

3.2.1 Rationaler Mensch in der wissenschaftlichen Betriebsführung

Die erste systematische Anwendung moderner wissenschaftlicher Methoden zur Untersuchung und Beeinflussung menschlicher Arbeitsleistung im Betrieb stellt die praxisorientierte Forschungsleistung des US-amerikanischen Ingenieurs Frederick Winslow Taylor „The Principles of Scientific Management" aus dem Jahr 1911 dar.[86] Taylors Ausführungen ist zu entnehmen, dass er von einem primär ökonomisch motivierten arbeitenden Menschen ausging, wobei seiner Auffassung nach dessen Interessen nicht zwangsläufig mit denen des Unternehmers divergierten, in dem er feststellte „[...] daß es das Hauptziel der Arbeiter wie auch der Verwaltung sein sollte, jeden Einzelnen in dem Unternehmen anzuleiten und weiter zu schulen, so daß er im schnellsten Tempo und in wohlberechneter Ausnutzung seiner Kräfte die Arbeit, zu der ihn seine Anlage befähigt, erstklassig verrichten kann. [sic!]"[87] Insofern bedeutet dies, dass Taylor bereits intendierte, nicht nur einseitig den Nutzen des Unternehmers zu betrachten, sondern ebenfalls die Beschäftigten an dieser Effizienzsteigerung partizipieren zu lassen.

Ungeachtet dieser Zielsetzung betrachtete Taylor den Menschen als reinen homo oeconomicus, welcher ausschließlich durch monetäre Anreize zur Leistungssteigerung bereit sei. Die finanzielle Partizipationsmöglichkeit des Arbeiters an dem durch die wissenschaftliche Ausrichtung der betrieblichen Abläufe erfolgten ökonomischen Vorteil sollte durch eine effizientere Ausnutzung der menschlichen Arbeitkraft erreicht werden. Diese wiederum erfordere eine konsequente Neuausrichtung der betrieblichen Vorgänge, in welcher der ausführende Tätigkeiten wahrnehmende Arbeiter ausschließlich exakt definierte Arbeitsgänge in einer produktionswirtschaftlich optimal ausgestalteten Umgebung ausführte und keinerlei Dispositionsfreiheit über seine Arbeit ausübe. Die Koordination der kontrollie-

---

[84] vgl.: Hentze et al., 2005, 46
[85] vgl.: Krappmann et al., 1999
[86] vgl.: Gilbeth, 1912; Berthel/Becker, 2003, 13
[87] Taylor, 1919, 11

renden und dispositiven Arbeitsteile solle durch räumlich ausgegliederte Führungskräfte erfolgen, welche dem Arbeiter seine Einzeltätigkeiten genau definierten. Die betrieblichen Führungskräfte rekrutierten sich nach Taylor durch eine binäre Betrachtung des Menschen, welcher entweder als befehlsempfangender Arbeiter oder Führungskraft nach seiner individuellen Persönlichkeitsstruktur selektiert werden solle.[88]

Durch das Zusammenspiel von komplexitätsreduzierten vordefinierten Arbeitsinhalten und verstärkten Kontrollen durch die nach subjektiven Gesichtspunkten ausgewählten Führungskräfte ergab sich eine extrem motivationsvernichtende Konstellation, da dem ausführenden Mitarbeiter eine ausschließliche Assoziation von exekutiver Leistungssteigerung im Sinne des produktionswirtschaftlichen Outputs und höherem Entgelt suggeriert wurde. Seine tatsächlichen Fähigkeiten wurden jedoch vollständig vernachlässigt. Mit dieser gedanklichen Verbindung einhergehend musste sich zwangsläufig der Eindruck eines verminderten Zutrauens in die Leistung und die Fähigkeiten auf der Seite des Arbeiters entwickeln, was in einer „self-fulfilling-prophecy" mündete.[89] Wenngleich Taylor in seiner wissenschaftlichen Betriebsführung nach eigenem Bekunden „[...] um den Wechsel von mißtrauischem Beäugen zu gegenseitigem Vertrauen [sic!]"[90] bemüht war, muss das Scientific Management als Prototyp der „Low-Trust-Organization" betrachtet werden, was auch auf deutliche Ambivalenzen innerhalb dieses Ansatzes hinweist.[91]

Ungeachtet des semi-altruistischen Ziels Taylors, aus dem Scientific Management ökonomische Vorteile sowohl für den Unternehmer wie den Arbeiter zu erzielen, bewirkten seine Maßnahmen – insbesondere vor dem Hintergrund der extremen Fremdbestimmung der auszuführenden Arbeiten – letztlich eine motivationssenkende Arbeitsausführung und eine Reduzierung des Arbeiters zum reflexionslosen Befehlsempfänger. Insbesondere die verengte Betrachtung des Mitarbeiters als rein rational handelndem Produktionsfaktor führten seither zu extremer Kritik an diesem Ansatz.[92]

---

[88] vgl.: Taylor, 1919
[89] vgl.: Grimm/Vollmer, 2004, 163
[90] Taylor, 1963, 60
[91] vgl.: Hoffmann, 1985; Wächter, 1987, 212ff
[92] vgl.: Bertel/Becker, 2003, 14f

3.2.2 Werktätiger Mensch als soziales Wesen

Angesichts dieser Kritik an Taylors Konzept mit dem Bild des homo oeconomicus, der aufgezogenen Weltwirtschaftskrise und dem zunehmenden Einfluss der Gewerkschaften in den USA entstand mit der Human-Ralations-Bewegung ein neues Bild des arbeitenden Menschen, welches diesen zuvorderst als soziales Wesen charakterisierte.[93]

Dieses Menschenbild des „social man" wurde 1924 durch eine Analyse in den Hawthorne-Werken der Western Electric Company in Chicago konstituiert, als der Ingenieur George Pennok die Beeinflussbarkeit der Produktionsleistung von Arbeitern untersuchte. Ursprünglich sollte Pennok lediglich die Interdependenzen zwischen Arbeits- bzw. Umweltbedingungen und der Arbeitsleistung durchleuchten. Zu diesem Zweck veränderte er verschiedene physische Umweltimplikationen und betrachtete die Arbeitsleistung einer Testgruppe. Diese unterschied sich jedoch in ihren Leistungen nicht von der unter unveränderten Bedingungen weiterarbeitenden Kontrollgruppe, denn beide Gruppen hatten ihre Leistungen gegenüber den ursprünglichen Werten gesteigert. Somit konnten die von Taylor festgestellten Axiome keine universelle Gültigkeit besitzen. Da diese Fakten nicht im vorherrschenden arbeitswissenschaftlichen Theoriegebäude zu verorten waren, wurde eine Forschergruppe der Harvard University um den Psychologen Elton Mayo mit der Fortführung der Analyse beauftragt. Diese gelangte schließlich zu der These, dass die von Taylor unterstellen Einflussgrößen die Produktionsleistung der Arbeiter nur bedingt beeinflussten, die beiden Gruppen entgegengebrachte Aufmerksamkeit durch die Unternehmensleitung und die informellen Beziehungen zwischen beiden Gruppen hingegen erheblichen Einfluss auf die Arbeitsleistung der Probanden hatten.[94] Anschlussuntersuchungen bestätigten diesen als „Hawthorne-Effekt" in die Sozialpsychologie eingegangenen Sachverhalt, indem sie aufzeigten, dass soziale Faktoren einen stärkeren Einfluss auf das Verhalten und die Leistung von Arbeitern haben können als ökonomische Anreize oder die Veränderung der physisch-technischen Arbeitsbedingungen.[95]

Basierend auf diesen Erkenntnissen behauptete die sich formierende Human-Relations-Bewegung, dass der Mensch grundlegend durch seine sozialen Bedürfnisse motiviert werde, die Bedürfnisse des arbeitenden Men-

---

[93] vgl.: Mudra, 2004, 109f; Jung, 2003, 2; Sonntag/Stegmaier, 2008, 59
[94] vgl.: Roethlisberger/Dickson, 1970
[95] vgl.: Haller, 1969, 29ff

schen primär über Anerkennung seiner Arbeit befriedigt würden und diese Aspekte planmäßig in die Organisationsstrukturen einzubeziehen seien.[96] Tatsächlich konnten aus diesen Umständen wichtige Aspekte für bis dato gültige Organisationstheorien deduziert werden, welche die motivierende Wirkung sozialer Bindungen am Arbeitsplatz in den Mittelpunkt ihrer Reflexion stellten.[97]

Das Bild des social man geht also von einer zentralen Bedeutung der formellen und informellen kommunikativen Einbindung des Menschen in das seinen Arbeitsplatz determinierende Beziehungsgeflecht aus, mit welchem die Arbeitsleistung primär beeinflusst werden könne. Wenngleich diese Forderungen der Human-Relations-Bewegung inzwischen als obsolet betrachtet werden dürfen, so beherrschten sie dennoch für mehr als zwei Dekaden die wissenschaftliche Auseinandersetzung mit dem arbeitenden Menschen.

3.2.3 Selbstverwirklichender vielschichtiger Mensch

Zur Mitte des 20. Jahrhunderts wurden neue Reflexionen hinsichtlich der Konstruktion des Menschenbildes angestellt. Eine Strömung, vertreten durch McGregor, Maslow, Argyris und weitere Verhaltensforscher, ging von einem Bild aus, das einen sich selbst entwickelnden und verwirklichenden Menschen skizziert, welcher nach Unabhängigkeit strebt und durch Entfaltungsmöglichkeiten motiviert werden kann. Dieser „self-actualizing man" bevorzugt Selbstmotivation und -kontrolle und entspricht der im weiteren dezidierter auszuführenden impliziten Theorie Y von McGregor.[98] Vorwegzunehmen ist jedoch, dass dieser Mensch initiativ nach Verantwortung strebt und sich in seinen Aufgaben zu verwirklichen sucht. Vor diesem Hintergrund beachtete man im Glauben an die umfassende Gültigkeit dieses Theoriegebildes besonders die Gestaltung von Arbeitsinhalten, welche anregend und abwechslungsreich waren und dem Einzelnen einen hohen Handlungsspielraum zugestanden.[99]

Trotz dieser humanistischen und differenzierteren Vorstellung des arbeitenden Menschen, wurde ein insbesondere sozialwissenschaftlich geprägter

---

[96] vgl.: Mudra, 2004, 109f
[97] vgl.: Trebesch, 2000, 11
[98] vgl.: Staehle, 1999, 194f
[99] vgl.: Rosenstiel et al., 2005, 43f

Ansatz ebenfalls vorangetrieben.[100] Von der Vorstellung des „complex man", eines vielschichtigen, von unterschiedlichen Faktoren beeinflussten Menschen, welcher sich gleichzeitig als äußerst wandlungsfähig präsentiert, geht die vermutlich anspruchsvollste Auffassung des arbeitenden Menschen aus.[101] Die Motive des nach diesem Paradigma betrachteten Menschen lassen sich nicht auf einen feststehenden Bereich eingrenzen. Der complex man ist hinsichtlich seiner Bedürfnisse äußerst lernfähig, wodurch seine Bedürfnisstruktur einem permanenten Wandel unterliegt. Er erwirbt dabei auch neue Motive, welche in unterschiedlichen Systemen oder Subsystemen auf verschiedene Weise wirksam werden können.[102] Die Bedürfnisse und die daraus resultierenden Motive des arbeitenden Menschen müssen nach dieser Vorstellung stets kontextbezogen festgestellt werden, was sich – neben der Verschiedenartigkeit des Individuums – in Abhängigkeit der Vielzahl möglicher rezeptiver Einflussgrößen als komplexe Aufgabe präsentiert.

3.3 Inhaltstheorien der Motivation

Nachdem nun das hier zugrundegelegte Verständnis von Motiv, Motivation und des damit verbundenen Motivationsprozesses, sowie die unterschiedlichen Betrachtungsweisen des arbeitenden Menschen dargelegt wurden, sollen nun die relevanten Motivationstheorien vorgestellt werden. Dabei gilt es zunächst voranzustellen, dass Theorien grundsätzlich vereinfachte Abbilder der Realität darstellen. Abhängig von den der Theorie zugrunde gelegten Einflussgrößen bzw. Rahmenbedingungen sollen sie dazu dienen, Prognosen für zukünftige ähnliche Phänomene abgeben zu können.[103] Aufgrund ihrer Kontextgebundenheit weisen Theorien lediglich eine begrenzte Validität und Reliabilität auf.

Da der Begriff der Motivation nicht nur im psychologischen Zusammenhang von Bedeutung ist, sondern auch von anderen wissenschaftlichen Disziplinen erforscht wird, existiert bis zum gegenwärtigen Zeitpunkt keine

---

[100] vgl.: Dietel, 1978, 54
[101] Neuberger weist darauf hin, dass der complex man nicht die konsequente Weiterentwicklung des self-actualising man, sondern vielmehr eine Antipode dazu sei: „Der Einzelne hat sich dem System und seinen Veränderungen bereitwillig und aktiv unterzogen, er hat sich dem Gang der Dinge zu fügen – nicht fatalistisch, sondern im Glauben in die Selbstheilungs- und -steuerungskräfte des Systems.", Neuberger , 2002, 81
[102] vgl.: Staehle, 1999, 194f
[103] vgl.: Schnell, 1999, 51ff

einheitliche Motivationstheorie, sondern viele unterschiedliche Ansätze, die sich jedoch oftmals gegenseitig ergänzen. Im Rahmen dieser Arbeit sollen primär solche Motivationstheorien betrachtet werden, welche in Bezug auf die Ziele der Personalentwicklung einen sinnvollen Zugang vermuten lassen. Grundsätzlich existieren in diesem Kontext sowohl mehrere Theorien des menschlichen Verhaltens wie auch mehrere psychologische Schulen, welche sich entweder auf

- einen hedonistischen Erklärungsversuch,

- einen triebgesteuerten Ansatz oder

- einen bedürfnisorientierten Zugang stützen.

Tennehill stellt fest, dass lediglich der bedürfnisorientierte Zugang im Zusammenhang mit Motivationstheorien zur Untersuchung unternehmensspezifischer Sachverhalte eignet.[104] Andere Auffassungen räumen auch den triebtheoretisch-homöostatischen Ansätzen einen berechtigten Platz zur Analyse menschlichen Verhaltens in der Unternehmung ein.[105] Zum Verständnis und zur Erklärung von Motivationsphänomenen im Unternehmen eignen sich vor allem Inhaltstheorien, Erwartungsvalenztheorien und Gleichgewichtstheorien, wobei die beiden letzteren zusammenfassend auch als Prozesstheorien bezeichnet werden. Inhaltstheorien konzentrieren sich in ihren Erklärungen auf die Motivinhalte, welche den Menschen zu seinem entsprechenden Verhalten motivieren. Gleichzeitig begrenzen sie die große Anzahl menschlicher Bedürfnisse auf einige Basisbedürfnisse. Prozesstheorien hingegen betrachten nicht die Motivinhalte, sondern konzentrieren sich auf den Handlungsprozess. Sie erklären, beginnend bei der Wahrnehmung des Anreizes, wie das menschliche Verhalten aktiviert, gerichtet und beendet wird und warum Menschen bestimmte Wege wählen, um ihre Ziel zu erreichen.[106]

Basierend auf der Zielsetzung dieser Arbeit, welche primär auf kohärente und implizite Relationen zwischen Motivationstheorie und Personalentwicklungszielen abstellt, eignen sich demzufolge primär die motivationspsychologischen Inhaltstheorien, da die konkreten Ziele der Personalentwicklung Motivlagen repräsentieren. Im Vordergrund stehen also solche

---

[104] vgl.: Tennehill, 1970, 34ff
[105] vgl.: Weber, et al., 1993, 181
[106] vgl.: Olfert, 2006, 32

Theorien, welche die spezifischen Faktoren fokussieren, die den Menschen zu einer bestimmten Handlung motivieren. Ausschließlich die Inhaltstheorien unternehmen gleichsam den Versuch, Motivinhalte zu klassifizieren bzw. zu taxonomieren und zu systematisieren.[107] Dabei ist jedoch zu berücksichtigen, dass das Ziel der möglichen Beeinflussung der Faktoren durchaus limitiert ist. So weist Bischoff in diesem Zusammenhang unter Bezugnahme auf die nachstehend erläuterte Maslowsche Bedürfnishierarchie darauf hin, dass die physiologischen Grundbedürfnisse und auch verschiedene Sicherheitsbedürfnisse durchaus einen soziobiologischen Hintergrund haben.[108] Dass jedoch grundsätzlich eine externe Beeinflussbarkeit möglich ist, führt Erikson an, indem er am Modell des Geldes als Zahlungsmittel aufzeigt, dass auch Gegenstände und Handlungen, die wiederholt zu dem Zweck verwendet werden primäre Motivziele zu erreichen, selbst zum erlernten Motivziel werden können.[109] Diese Beispiele zeigen auf, dass identifizierte Motivinhalte zielgerichtet zur Beeinflussung des Mitarbeiters verwendet werden können, allerdings kontextabhängig sind. Nachfolgend sollen daher die inhaltstheoretischen Ansätze von Maslow, Alderfer, Herzberg, McClelland und McGregor vorgestellt und für die weitere Analyse herangezogen werden.

3.3.1 Bedürfnishierarchie von Maslow

Die von Maslow entwickelte „Bedürfnispyramide" ist eines der bekanntesten psychologischen Motivationsmodelle. Kern dieses Modells ist der prioritätsbezogene Versuch, die menschlichen, als Mangel wahrgenommenen Bedürfnisse in eine allgemeingültige hierarchische Rangfolge zu bringen. Entscheidend hierbei ist aber nicht nur die Bedürfnisklassifikation, sondern insbesondere die fundamentale Feststellung, dass diese Bedürfnisse quasi sequenziell angelegt sind und die nächst höhere Bedürfnisstufe erst dann wirksam werden kann, wenn die Bedürfnisse der vorangegangenen Stufe durch das Individuum als befriedigt betrachtet werden. Wenn jedoch ein Mangelzustand auf einer niedrigeren Bedürfnisstufe erkannt wird, wird dieses niedrigere Bedürfnis unmittelbar wirksam. Hieraus ergibt sich das „Prinzip der Präpotenz", welches besagt, dass das jeweils niedrigste und noch unbefriedigte Motiv das stärkste und verhaltenswirksamste ist.[110]

---

[107] vgl.: Weinert, 1992, 262
[108] vgl.: Bischoff, 1985, 177ff
[109] vgl.: Erikson, 1972
[110] vgl.: Rosenstiel et al., 2005, 266

Zunächst unterscheidet Maslow lediglich in „Defizitbedürfnisse" und „Wachstumsbedürfnisse", wobei erstgenannte weiter differenziert werden können, so dass insgesamt fünf Bedürfnisgruppen entstehen.[111] Die Deckung der Defizitbedürfnisse ist zur Erhaltung der persönlichen Gesundheit erforderlich. Sie müssen entsprechend der physischen Dringlichkeit befriedigt werden. Sie zeichnen sich dadurch aus, dass sie jeweils dann aktiviert werden, wenn ein Mangelzustand identifiziert wurde und funktionieren demzufolge nach dem sogenannten Homöostaseprinzip, welches sich auf die Tendenz im Organismus, einen Gleichgewichtszustand zu erhalten oder wiederherzustellen, bezieht.[112] Dieses bereits vor Maslows Reflexionen definierte Axiom wurde lange Zeit als zentrales psychologisches Erklärungsprinzip betrachtet, wobei sich allerdings seit den ausgehenden siebziger Jahren Ansichten formieren, dass dieses Prinzip deutliche Grenzen habe, welche beispielsweise in einem vorsätzlichen Verlassen des Gleichgewichtszustandes bestehen könnte, etwa durch Selbstgefährdungen.[113]

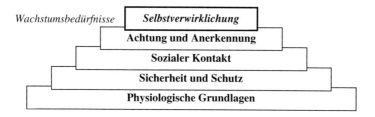

Abbildung 1: Schematische Darstellung der Maslowschen Bedürfnishierarchie[114]

Anders stellt sich die Situation im Fall der Wachstumsbedürfnisse dar. Sie sind nicht darauf ausgerichtet einen Gleichgewichtszustand wiederherzustellen, sondern auf die Erreichung des Idealzustandes der Selbstverwirklichung, an welchen sich der Mensch lediglich annähern, jedoch nie erreichen kann, da er sich einhergehend mit der Annäherung erhöht.[115] Dies ergibt sich aus Maslows Feststellung, dass die Wachstumsbedürfnisse auf der

---

[111] Der Vollständigkeit halber anzumerken ist, dass Maslow in seinen nachfolgenden Studien weitere Bedürfnisgruppen weitere hinzufügte. Diese Bereiche betrachtete er jedoch noch als weitgehend unerforscht und nahm diese entsprechend nicht mehr in sein Grundkonzept auf. vgl.: Maslow, 1977, 62ff
[112] vgl.: Rosenstiel et al., 2005, 265
[113] vgl.: Neuberger, 1978, 208
[114] vgl.: Maslow, 1977
[115] vgl.: Rosenstiel et al., 2005, 266

im Menschen liegenden Potenzialentfaltung angelegt sind und sie das Verlangen „[…] immer mehr zu dem zu werden, was idiosynkratisch ist, alles zu werden, was zu werden man fähig ist“[116] beinhalteten. Insofern lässt sich eine Kongruenz zu anderen humanistischen Ansätzen feststellen. Maslow stimmt hier etwa mit Rogers überein, indem beide feststellen, dass die Grundtendenz einer Person darin bestehe, ihr individuelles Potenzial zu entwickeln. Es gebe gar einen inneren biologischen Druck zur vollen Entfaltung der ererbten Fähigkeiten und Talente; die zentrale Motivation des Individuums bestehe in der Tendenz zu Wachstum und Erweiterung der Grundausstattung des Selbst.[117]

Betrachtet man nun wiederum die Defizitbedürfnisse im Einzelnen, so lassen sich hier nach Maslows Vorstellungen vier verschiedene Bedürfnisstufen identifizieren. Dabei umfassen zuvorderst die physiologischen Bedürfnisse die menschlichen Grundbedürfnisse ohne die das Individuum nicht existieren kann. Sie sind damit auf die Selbsterhaltung des Menschen ausgerichtet und umfassen Erfordernisse wie etwa Nahrung oder Sauerstoff. Die nächste Bedürfnistufe klassifiziert Maslow als Sicherheitsbedürfnisse, welche allgemein die Bedürfnisse nach Sicherheit vor physischen, psychischen und ökonomischen Gefahren umfassen. Die nachfolgenden sozialen Bedürfnisse kennzeichnen den menschlichen Wunsch nach zwischenmenschlicher Interaktion in Form von Liebe, Intimität und Gruppenzugehörigkeiten. Die höchste Kategorie der Defizitbedürfnisse bilden die Achtungsbedürfnisse. Sie umfassen einerseits die intrapersonellen Bedürfnisse zur Selbstachtung und Selbstbestätigung, andererseits die nach der Achtung und Anerkennung durch andere Menschen. Hentze merkt hierzu ergänzend an, dass die Befriedigung der Achtungsbedürfnisse besondere Bedeutung in Bezug auf die individuelle Persönlichkeitsentwicklung habe.[118]

Die Wachstumsbedürfnisse umschreiben den Wunsch des Individuums nach bestmöglicher Entfaltung der individuell zur Verfügung stehenden Möglichkeiten. Diese Bedürfnisse bilden die Spitze der Bedürfnishierarchie. Sie werden daher durch das Prinzip der Präpotenz erst dann wirksam, wenn die Defizitbedürfnisse subjektiv ausreichend befriedigt wurden. Jedoch weisen sie durch den flexiblen fiktiven Referenzpunkt für die Bedürfnisbefriedigung eine adversative Eigenschaft auf, denn statt mit zunehmen-

---

[116] Maslow, 1977, 89
[117] Weiner, 1994, 321
[118] vgl.: Hentze, 1994, 32

der Befriedigung abzunehmen, erhöht sich nach Maslows Theorie deren Motivationsstärke.[119]

3.3.2 ERG-Theorie nach Alderfer

Das Rahmenkonzept von Maslow ist zwar auch heute noch allgegenwärtig, jedoch wurden seit der erstmaligen Veröffentlichung im Jahr 1942 mehrere Modifikationsansätze zur Weiterentwicklung dieses Entwurfs initiiert. Eine solche Weiterentwicklung stellt auch die von Alderfer aufgestellte „ERG-Theorie" dar.

Alderfer versuchte kein allgemeingültiges Modell, sondern eine auf den arbeitenden Menschen ausgerichtete Motivationstheorie zu konstruieren. In diesem Kontext stellte er die These auf, dass es bei Maslows Theorie zu Schnittmengen der einzelnen Bedürfnisgruppen komme, weshalb es sinnvoll sei, lediglich in drei Bedürfnisgruppen zu differenzieren. Nach Alderfer sollte dementsprechend nur nach

- Existenzbedürfnissen (Existence Needs),
- Sozialen Bedürfnissen (Relatedness Needs) und
- Wachstums- und Selbstverwirklichungsbedürfnissen (Growth Needs)

unterschieden werden. Darüber hinaus legt er in seinem Konzept keine strenge Hierarchie der Bedürfnisse fest, sondern er beschreibt eine neue Funktionsweise der Zusammenhänge zwischen den nunmehr drei Bedürfnisklassen:[120]

P1: Je weniger die Existenzbedürfnisse befriedigt sind, desto stärker wirken sie.

P2: Je weniger die Beziehungsbedürfnisse befriedigt sind, desto stärker werden die Existenzbedürfnisse.

P3: Je mehr die Existenzbedürfnisse befriedigt sind, desto stärker werden die Beziehungsbedürfnisse.

P4: Je weniger die Beziehungsbedürfnisse befriedigt sind, desto stärker wirken sie.

---

[119] vgl.: Maslow, 1977, 62ff
[120] vgl.: Alderfer, 1972, 13

P5: Je weniger die Wachstumsbedürfnisse befriedigt sind, desto stärker werden die Beziehungsbedürfnisse.

P6: Je mehr die Beziehungsbedürfnisse befriedigt sind, desto stärker werden die Wachstumsbedürfnisse.

P7: Je mehr die Wachstumsbedürfnisse befriedigt sind, desto stärker werden sie.

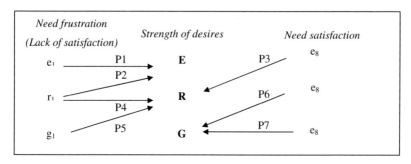

Abbildung 2: *Satisfaction to Desire Propositions from ERG-Theory*[121]

Alderfer relativiert somit zunächst das von Maslow unterstellte Prinzip der Präpotenz. Diese Wirkungszusammenhänge basieren auf vier grundsätzlichen Annahmen, nach welchen die ERG-Theorie darauf rekurriert, dass (1) ein Bedürfnis im Ausmaß seiner Nichtbefriedigung dominant wird (Frustrations-Hypothese), die (2) Nicht-Befriedigung eines höheren Bedürfnisses zu einer Aktivierung der nächst niedrigeren Bedürfnisstufe führt (Frustrations-Regressions-Hypothese), (3) die Zufriedenstellung eines Bedürfnisses das nächst höhere Bedürfnis aktiviert wird und (4) letztlich auch eine gescheiterte Bedürfnisbefriedigung als Erfahrungswert zur Selbstverwirklichung beitragen kann.[122]

Die von Alderfer unterstellten Wirkungszusammenhänge führen somit zu zwei wesentlichen Differenzierungen gegenüber Maslows Konstrukt: Einerseits müssen nach der ERG-Theorie nicht erst alle Bedürfnisse der unteren Stufen als Voraussetzung für die Aktivierung des nächsthöheren Bedürfnisses erfüllt sein und zum anderen kann auch in umgekehrter Reihenfolge das nächstniedrigere Bedürfnis aktiviert werden, wenn die Befriedi-

---

[121] vgl.: Alderfer, 1972, 14
[122] vgl.: Hentze, et al. 2005, 119

gung der oberen Ebene blockiert ist. Demzufolge stellen auch bereits befriedigte Bedürfnisse solange Motivatoren dar, wie sie als Ersatz für unbefriedigte Bedürfnisse dienen.[123]

Grundsätzlich ist festzustellen, dass die Bewertungen Alderfers Modell auch gegenwärtig noch divergieren. In der Wissenschaft hat die ERG-Theorie zwar durchaus Anerkennung gefunden, da sie eine – wenngleich geringfügig – größere Erklärungskraft als die Bedürfnishierarchie von Maslow hat[124], ihre Praxisrelevanz wird jedoch häufig in Frage gestellt.[125] Ein Grundproblem hierbei stellt die Offenheit dieser Theorie gegenüber der streng hierarchischen Bedürfnispyramide Maslows dar. Zwar wird diese Offenlegung der Beziehungen zwischen Bedürfnisbefriedigung und Bedürfnisaktivierung auch als besonderer Nutzen unterstrichen[126], allerdings liegt hierin auch die Problematik einer empirischen Nachweisführung[127] und damit der Verifizierung dieser Theorie.

3.3.3 Zwei-Faktoren-Theorie nach Herzberg

Auch die Forschergruppe um Herzberg hat einen berufsspezifischen Ansatz zur Konstituierung ihrer Zwei-Faktoren-Theorie gewählt. Wie Alderfer sollte auch bei ihnen der arbeitende Mensch im Fokus stehen und dementsprechend vor allem jene Faktoren untersucht werden, welche Arbeitszufriedenheit und Arbeitsunzufriedenheit bewirken.

Im Rahmen der sogenannten Pittsburgh-Studie wurden mehr als 200 Ingenieure und Büroangestellte hinsichtlich ihrer Einschätzungen bzw. Wahrnehmungen zur Arbeitszufriedenheit befragt. Dabei lag der Schwerpunkt auf Situationen des Arbeitslebens, welche durch die Befragten als besonders positiv oder negativ betrachtet wurden. Ein erstes Ergebnis dabei war, dass die Beschäftigten ihre positiven Erfahrungen meist auf andere Umstände zurückführten, als ihre negativen Eindrücke. Als weitere Erkenntnis trat hinzu, dass das Fehlen bestimmter Rahmenbedingungen wie etwa Bezahlung, Sicherheit des Arbeitsplatzes, Beziehungen zu Vorgesetzten und Kollegen, Art und Qualität der Führung individuelle Unzufriedenheit be-

---

[123] vgl.: Weinert, 1998, 149
[124] vgl.: Wunderer/Grunwald, 1980, 186ff
[125] vgl.: Miner/Dachler, 1973, 379ff
[126] vgl.: Hentze et al., 2005, 119
[127] vgl.: Campbell/Pritchard, 1976, 100

wirken kann. Waren diese Rahmenbedingungen jedoch vorhanden, vermied dies zwar die Unzufriedenheit des Mitarbeiters, führte aber noch nicht zu Zufriedenheit.[128] Diese Faktoren, welche Tennehill auch mit dem menschlichen Verlangen Unannehmlichkeiten zu vermeiden verbindet[129], bezeichnete Herzberg als „Maintenance needs" bzw. „Hygiene needs". Sie beziehen sich auf die Rahmenbedingungen der Arbeit und werden vor allem extrinsisch beeinflusst.[130]

Eine zweite Klassifizierung Herzbergs umfasste die sogenannten „Motivation needs", welche mit dem Bedürfnis nach Erfolg, Anerkennung und persönlicher Entwicklung assoziiert werden können und somit eine positive Einstellung herbeiführen.[131] Diese Motivationsbedürfnisse beziehen sich unmittelbar auf die Tätigkeit und tragen, wenn sie vorhanden sind, zur Befriedigung intrinsischer Arbeitsbedürfnisse bei. Sind diese Einflussgrößen nicht vorhanden, führt dies nicht zwangsläufig zu Unzufriedenheit, aber auch nicht zur Mitarbeitermotivation. Eine entscheidende Neuerung dieser Motivationstheorie ist somit die zweidimensionale Betrachtung der Arbeitszufriedenheit.[132] Die von Herzberg identifizierte obligatorisch getrennte Betrachtungsweise beider Aspekte der Arbeitszufriedenheit wird durch den Verlauf beider Kontinua aus Abbildung 3 ersichtlich.

Ungeachtet dieser autonomen Zweidimensionalität führt Weinert an, dass sich eine hierarchische Abfolge beider Faktoren in zwei Prozess- und Handlungsstufen identifizieren lasse, denn der Mitarbeiter werde zunächst die Suche nach Hygiene und erst nachfolgend jene nach Motivation aufnehmen.[133] Die Vermeidung der Unzufriedenheit scheint für Herzberg als gleichzeitige Basis für die Schaffung von Zufriedenheit insofern selbstverständlichen Charakter zuzuweisen, als er der Berücksichtigung der Motivationsfaktoren, etwa durch die Bereicherung des Aufgabenbereichs des Einzelnen mit interessanten und aktivierenden Tätigkeiten, Beachtung schenkt.[134] Auch muss der Erkenntnis der zweidimensional gelagerten Arbeitszufriedenheit besondere Aufmerksamkeit geschenkt werden.

---

[128] vgl.: Herzberg, 1959, 30ff
[129] vgl.: Tennehill, 1970, 44
[130] vgl.: Weinert, 1992, 268ff
[131] vgl.: Tennehill, 1970, 44
[132] vgl.: Mudra, 2004, 183
[133] vgl: Weinert, 1992, 269
[134] vgl.: Herzberg, 1988, 67ff.

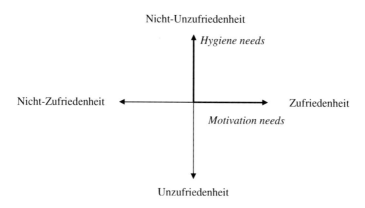

Nicht-Unzufriedenheit

Hygiene needs

Nicht-Zufriedenheit ◄───────────► Zufriedenheit

Motivation needs

Unzufriedenheit

Abbildung 3: Die Dimensionen der Arbeitszufriedenheit nach Herzberg[135]

Trotz der – hauptsächlich auf die methodische Vorgehensweise zurückgehenden – Kritik an Herzbergs Theorie hatte die Zwei-Faktoren-Theorie einen weitreichenden Einfluss auf die Bemühungen um die Humanisierung der Arbeitsbedingungen, weshalb sie noch immer große Anerkennung in Wissenschaft und Praxis findet.[136]

3.3.4 Theorie der gelernten Bedürfnisse nach McClelland

Im Rahmen seiner Motivationsforschungen identifiziert McClelland zunächst die drei menschlichen Schlüsselbedürfnisse Achievement (Leistungsbedürfnis), Affiliation (Angliederungsbedürfnis) und Power (Machtbedürfnis).[137] Seine weiteren Forschungen konzentrieren sich jedoch primär auf das Leistungsbedürfnis. Dieses ist nach McClelland ein im Menschen grundsätzlich vorhandenes Bedürfnis. Entscheidend für die Generierung von Leistungsmotivation ist dabei ein situationsspezifischer Anreiz, welcher dem Menschen die Gelegenheit gibt, das Leistungsbedürfnis zu befriedigen. Die Neigung zur Bedürfnisbefriedigung (Tendency, T), also Lei-

---

[135] vgl.: Weibler, 2001, 215
[136] vgl.: Rosenstiel et al., 2005, 267
[137] Weiner fügt in Anlehnung an die Motivationstheorie von McClelland noch das „Vermeidungsmotiv" (Avoidance Motive) hinzu, welches unter Rückgriff auf Heckhausen dazu diene, Misserfolge, Zurücksetzung und Missachtung zu vermeiden. vgl.: Weiner, 1994, 152ff; Heckhausen, 1963, 12ff

stungen zu vollbringen, ist abhängig von der Intensität der Anregung (Motivate, M), der subjektiven Wahrscheinlichkeit des Erfolges (Probability, P) und der Attraktivität des Erfolges (Incentive, I), wobei das Leistungsergebnis immer subjektiv ausfällt. Weiner bringt diese Feststellung McClellands dabei in einen unmittelbaren Zusammenhang, so dass sich für ihn folgende Formel ergibt:[138]

$$T_s = M_s * P_s * I_s$$

Die Ausprägung der Leistungsmotivation führt McClelland unmittelbar auf Sozialisationseffekte zurück. Er geht davon aus, dass das individuelle Ausmaß der Leistungsmotivation entscheidend durch die Erziehung und damit verbundene Entwicklung des Menschen beeinflusst wird.[139] McClelland trifft in diesem Rahmen eine Differenzierung, indem er zwischen Menschen mit starker und schwacher Leistungsmotivation unterscheidet. Ungefähr zehn Prozent der Menschen weisen seiner Ansicht nach eine außergewöhnlich hohe Leistungsmotivation auf. Die Leistungsmotivation selbst kann dabei in McClellands Sinne als das Bestreben definiert werden, sich mit einem Gütemaßstab auseinanderzusetzen, so dass man Erfolg oder Misserfolg haben kann. Sie ist demzufolge durch die „Furcht vor Misserfolg" und der „Hoffnung auf Erfolg" determiniert.[140]

Leistungsorientierte Menschen zeichnen sich dadurch aus, dass sie Probleme selbst lösen wollen, wobei diese Problemstellungen nach Möglichkeit so angelegt sein sollen, dass der leistungsorientierte Mensch sich mit ihnen identifiziert und er sie ohne Fremdeinwirkung und mit alleiniger Verantwortung bewältigen kann. Vor dem Hintergrund dieser obligatorischen Identifikation mit dem Problem, benötigt er zudem ein schnelles Feedback nach Erledigung der Aufgabe. Darüber hinaus sollten diese Problemstellungen einen mittelschweren Charakter aufweisen, da eine Nichterreichung zu Frustration führt, eine zu leichte Zielerreichung keinen Befriedigungseffekt mit sich bringt.[141]

Auch das Leistungsverhalten weniger leistungsorientierter Menschen kann jedoch zielgerichtet beeinflusst werden. So stellt McClelland fest, dass die Problemstellungen für diesen Personenkreis anders definiert sein müssen.

---

[138] vgl.: Weinert, 1998, 271
[139] vgl.: McClelland et al., 1953, 64
[140] Heckhausen, 1963, 12ff
[141] vgl.: McClelland, 1961, 375

Hier sollen insbesondere klare und kurzfristige Zielsetzungen mit überschaubaren Risiken eingesetzt werden. Dabei nimmt die Kontrolle der Ziele, jedoch auch die Rückmeldung zur Zielerreichung an den Mitarbeiter eine besondere Stellung ein. Im Rahmen dieser Rückmeldung sollen die Tadelungen minimiert und die Belohnungen intensiv eingesetzt werden.[142] Weibler weist in diesem Zusammenhang explizit darauf hin, dass diese durch McClelland vorgeschlagene Vorgehensweise tatsächlich zur Aktivierung von Leistungsmotivation genutzt werden könne, da der Mensch grundsätzlich in der Lage sei, diesen aus der frühkindlichen Phase stammenden Lernmechanismus in andere Kontexte zu übertragen und sich dementsprechend die individuelle Verhaltensweise beeinflussen lasse.[143]

Ungeachtet der spezifischen individuellen Ausprägung der Leistungsmotivation lässt sich seinen Ausführungen entnehmen, dass nach McClellands Ansicht Leistungsmotivation immer dann eintreten wird, wenn der Mensch aufgrund seiner Erfahrungen subjektiv lernt, dass eine Verbindung zwischen Leistungseinsatz und Erfolgserlebnis besteht und diese Kombination zur Befriedigung des Leistungsbedürfnisses führt. Diese Verhaltenstendenz muss insbesondere bei gering leistungsmotivierten Mitarbeitern durch Kontrollen und positive Rückmeldungen verstärkt werden.

3.3.5 X-Y-Theorie von McGregor

McGregors Theorie Y wurde bereits im Zusammenhang mit dem Menschenbild des self-actualizing man skizziert. Dabei wurde erwähnt, dass er innerhalb dieser Ansicht von einem selbstreflektiven und verantwortungsvollen, also positiven, Menschenbild ausgeht. Die Theorie Y stellt zwar den eigentlichen Kern der hier aus seinem Konzept deduzierbaren relevanten Motivationsaspekte dar, allerdings zeichnen sich McGregors Überlegungen ebenso durch die konträre Gegenüberstellung der von einem negativen Menschenbild ausgehenden Theorie X aus. Beide Theorien beschreiben fundamental divergierende Annahmen über den arbeitenden Menschen und daraus resultierend unterschiedliche Motivationsansätze. Obwohl er eine vergleichsweise pauschale Gegenüberstellung möglicher Menschenbilder vornimmt, ist diese eingängig und verdeutlicht den Hintergrund und die Konsequenzen dieser beiden Betrachtungsweisen des Menschen.[144]

---

[142] vgl.: McClelland et al., 1953, 185ff
[143] vgl.: Weibler, 2001, 214
[144] vgl.: Weibler, 2001, 16

Im Rahmen der Theorie X beschreibt McGregor das von ihm als „traditionelle Ansicht" bezeichnete Eigenschaftsmodel des arbeitenden Menschen. Hierin geht er davon aus, dass der Durchschnittsmensch eine angeborene Abneigung gegen Arbeit habe und grundsätzlich versuche, ihr aus dem Weg zu gehen. Aus diesem Grunde müsse er zumeist gezwungen, gelenkt, geführt und mit Strafe bedroht werden, damit er die geforderte Arbeitsleistung tatsächlich erbringe. Ferner vermeide der Mensch grundsätzlich eigenverantwortliches Arbeiten und ziehe es vor, geführt zu werden.[145]

Diese optionale Annahme über den arbeitenden Menschen ist insofern für die Motivationsforschung von Bedeutung, als McGregor seinen Theorien grundsätzlich die von Maslow aufgestellt Bedürfnishierarchie zugrunde legt[146] und, verbunden mit den Annahmen der Theorie X, davon ausgeht, dass diese lediglich auf die Befriedigung der physiologischen Bedürfnisse abzielt. Bei Zugrundelegung dieses Menschenbildes habe der Mitarbeiter, so McGregor, keine Gelegenheit, höhere Bedürfnisse zu befriedigen. Höhere Bedürfnisse könnten erst dann befriedigt werden – und somit auch motivierend wirken –, wenn das Menschenbild der Theorie Y zugrundgelegt werde.[147]

Nach der Theorie Y zeichnet sich der arbeitende Mensch dadurch aus, dass für ihn die mit körperlicher oder geistiger Arbeit verbundenen Anstrengungen, ähnlich wie bei freiwilligen Anstrengungen während der Freizeit oder auch Ruhephasen, als natürlich empfunden werden. Von diesen „natürlichen" Bedingungen der Arbeit ausgehend sei Überwachung und Strafandrohung auch nicht das einzige Mittel jemanden zum Engagement für das Unternehmen zu bewegen, da der Mensch ohnehin zur Selbstdisziplin und Selbstkontrolle bereit sein, wenn er sich den Unternehmenszielen verpflichtet fühle. Ferner geht McGregor im Rahmen der Theorie Y davon aus, dass der Mensch keinesfalls Verantwortung grundsätzlich ablehne, sondern unter geeigneten Bedingungen diese sogar explizit suche. Letztlich seien auch Innovations- und Improvisationsfähigkeiten, sowie ein entsprechendes Urteilsvermögen weit in der Bevölkerung verbreitet. Diese und ähnliche Fähigkeiten würden allerdings nur partiell genutzt.[148]

---

[145] vgl.: McGregor, 1970, 47f
[146] vgl.: Haberkorn, 1992, 70
[147] vgl.: McGregor, 1970, 50ff
[148] vgl.: McGregor, 1970, 61f

Hieraus wird ersichtlich, dass durch die gegenläufige Annahme über die Eigenschaften des arbeitenden Menschen, auch die Bedürfnisse, sowie deren Aktivierung zwangsläufig divergieren muss. Demzufolge unterstreicht McGregor, dass die Theorie Y die höheren Bedürfnisse des Menschen anspricht. Trotzdem verlangt er nicht, Kontrollen und physische Anreize vollkommen aus dem Unternehmen zu verbannen. Vielmehr sollen die Erkenntnisse der Theorie Y dazu anregen, die verschiedenen Bedürfnisse der Mitarbeiter gezielt zu berücksichtigen und im Sinne des Unternehmensziels einzusetzen. Withauer schlägt in diesem Zusammenhang insbesondere die Aspekte Selbstachtung, Vertrauen, Gleichbehandlung, Partizipation, Kooperation und Eigenverantwortung vor.[149]

---

[149] vgl.: Withauer, 1986, 72ff

4 STRUKTURELLE EINGRENZUNG

Zentrale Zielsetzung dieser Arbeit ist die Identifikation der inhaltstheoreti-schen motivationspsychologischen Kongruenz und Implikationen auf die Ziele der Personalentwicklung. Daher ist zunächst die Relevanz dieser Theorien für die Personalentwicklungsziele vorzustellen. In einem weiteren Schritt sollen die bereits dargelegten spezifischen Personalentwicklungszie-le in eine kongruente Aussage gefasst werden. Der Gegenüberstellung die-ser Ziele und den motivationspsychologischen Inhaltstheorien müssen je-doch weitere strukturelle Eingrenzungen vorangestellt werden, um eine analytisch reliable Vorgehensweise sicherzustellen.

4.1 Relevanz von Motivationstheorien für die Ziele der Personalentwicklung

Wie bereits ausgeführt, besteht das generische Ziel der Personalentwick-lung in der Ausbildung von Kompetenzen in Form von Fähigkeiten und Verhaltensweisen der Mitarbeiter, welche gleichsam das Objekt der Fähig-keits- und Verhaltensgenerierung darstellen. Diese angestrebten Fähigkei-ten bzw. das veränderte Verhalten der Mitarbeiter soll jedoch auf die Befä-higung zum selbstbestimmten Handeln und damit der optimalen Erfüllung gegenwärtiger und künftiger Arbeitsaufgaben abgestellt sein.[150] Um neue Fähigkeiten aufzubauen bzw. eine Verhaltensänderung herbeizuführen, ist es erforderlich, dass die Mitarbeiter einen Lernprozess durchlaufen.[151] Ler-nen kann dabei zunächst interdisziplinär als eine Verhaltensänderung auf-grund von Erfahrungen begriffen werden, welche aufbauend auf diesen Erfahrungen den Erwerb von Kenntnissen und Fähigkeiten nach sich zieht.[152] Das Produkt des Lernens stellt das Wissen dar, welches wiederum als die im menschlichen Gedächtnis gespeicherten und reproduzierbaren Beobachtungen, Erfahrungen, Kenntnisse und Einsichten über die subjekti-ve Wirklichkeit verstanden werden kann.[153] In psychologischer Hinsicht tritt die rein physische Verhaltensänderung zugunsten einer Veränderung des Wissens in den Hintergrund.[154] Entscheidend ist dabei insofern das Verständnis des Lernens als Prozess der Veränderung kognitiver Struktu-ren, der sich in verändertem Verhalten bzw. veränderten Verhaltensmög-

---

[150] vgl.: Arnold, 2001, 176
[151] vgl.: Oechsler, 2006, 493
[152] vgl.: Reinhold, 1997, 406; Tewes,/Wildgrube, 1999, 222; Becker, 2005, 83
[153] vgl.: Schaub/Zenke, 2007, 702
[154] vgl.: Sonntag, 1999, 85f

lichkeiten ausdrückt.[155] Das hier zentrierte (veränderte) Verhalten des Mitarbeiters ist das Ergebnis eines Zusammenspiels von einem situativen Anreiz und einem Motiv, welche im Zusammenspiel die Motivation bilden. Lernen kann dabei eine Verhaltensdisposition als Folge einer zielgerichteten Motivation mit dem Ergebnis eines Fähigkeitsaufbaus darstellen.

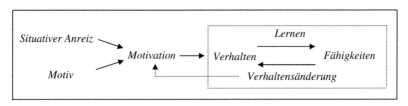

Abbildung 4: Der Zusammenhang von Motivation und Verhaltensänderung
(Eigene Darstellung)

Das Ziel der Personalentwicklung ist in diesem vereinfachten Schema innerhalb des kleineren Kastens abgebildet, da der Aufbau von Fähigkeiten in Verbindung mit einer veränderten Verhaltensweise das Fundamentalziel der Personalentwicklung darstellt. Die Motivation ist dabei die obligatorische Vorbedingung für die sequenziell-kybernetische Aktivierung des angestrebten Verhaltens. Die Relevanz der inhaltsbezogenen Motivationstheorien für die Ziele der Personalentwicklung präsentiert sich also vor allem durch die Taxonomie- bzw. Klassifizierungs- und Identifikationsmöglichkeit potenzieller Motive als Steuergröße für die gewünschte Verhaltensmodifikation.

4.2 Klassifizierung der Ziele der Personalentwicklung

Wie vorstehend aufgezeigt, ist die Darstellung der Ziele der Personalentwicklung in der Literatur divergent angelegt. Zur Bildung von analytischen Kategorien erscheint an dieser Stelle insofern eine induktive Vorgehensweise angebracht, als die durch die verschiedenen Quellen offensichtlich als realtypisch identifizierten Ziele der Personalentwicklung keine konsistente Ordnung oder Struktur aufweisen. Daher sollen nun die exemplarischen Zieldarstellungen von Mudra, Olfert und Berthel und Becker, getrennt nach der Unternehmens- und der Mitarbeiterperspektive in Form ei-

---

[155] vgl.: Senge, 1990

ner Synopse vergleichend gegenüber gestellt werden. Aufgrund des bereits aufgezeigten Umstandes, dass die spezifischen Ziele der Betroffenen prinzipiell nicht eingrenzbar sind, erfolgt eine perspektivische Konsolidierung zu kategorischen Zielkomplexen, innerhalb derer sich die einzelnen Zielsetzungen synoptisch bzw. analytisch erfassen lassen. Die Zielkomplexe divergieren also zwischen Mitarbeiter- und Unternehmenssicht und ergeben sich sowohl aus der quantitativen wie auch der qualitativen Bedeutung der (exemplarisch) jeweils angeführten Einzelziele.

4.2.1 Mitarbeiterperspektive

Im Bereich der Mitarbeiterperspektive kann zunächst ein Konsolidierungsbereich durch die Zusammenfassung aller Ziele, welche sich durch eine Konzentration auf den Arbeitsplatz als Sicherung der materiellen Existenz gerichtet sind gebildet werden. Da diese Ziele des Mitarbeiters auf die vollwertige Wahrnehmung des Arbeitsplatzes und auf sich verändernden Umweltbedingungen gerichtet sind, sollen diese als „Existenzielle Ziele" bezeichnet werden. Aufbauend auf diesen die Existenz sichernden Zielen lassen sich solche Mitarbeiterziele bündeln, welche den Ausbau der bereits erreichten Position und die Gestaltung der individuellen Karriere betreffen. Hier versucht der Mitarbeiter über die Personalentwicklung einen Wettbewerbsvorteil gegenüber internen und externen Konkurrenten auf den Karriereweg zu erzielen, weshalb sich hier die Bezeichnung „Kompetitive Ziele" empfiehlt. Darüber hinaus lassen sich Personalentwicklungsziele des Mitarbeiters feststellen, welche sich auf die Verbesserung des persönlichen Status beziehen. Dieser Bereich der „Prestigeziele" kann dabei sowohl materielle wie immaterielle Aspekte umfassen. Schließlich sollen in einem vierten und letzten Bereich die auf die Selbstverwirklichung bzw. Selbstentfaltung eventuell auch transzendental angelegten Personalentwicklungsziele des Mitarbeiters zusammengefasst werden. Da diese vor dem Hintergrund ihrer egozentrischen, gleichsam aber auch immateriellen und ontologischen Zielsetzung eine grundlegende Differenzierung gegenüber den anderen Konsolidierungsbereichen aufweisen, sollen diese als „Metaphysische Ziele" bezeichnet werden.

	Mudra	Olfert	Berthel/Becker
Existenzielle Ziele	Anpassung der Qualifikationen an die Anforderungen des Arbeitsplatzes	Anpassung der persönlichen Qualifikation an die Arbeitsplatzerfordernisse	Anpassung der persönlichen Qualifikation an die Ansprüche des Arbeitsplatzes durch Aufrechterhaltung und Verbesserung der fachlichen Qualifikation
	Sicherung des Erreichten bzw. des Arbeitsplatzes	Sicherung der Existenzgrundlage bei technischem und sozialem Wandel	Erhöhung der Arbeitsplatzsicherheit, Schaffung karrierebezogener Voraussetzungen für den beruflichen Aufstieg
	Rechtzeitiger fachlicher Up-to-date-Input für die sich ändernden Arbeitsplatzbedingungen		Sicherung eines ausreichenden Einkommens/ Erhöhung des bestehenden Einkommens
	Klärung der Hintergründe von Entscheidungs- und Handlungsprozessen im Unternehmen (Transparenz)		Vermeidung von Überforderung
	vorausschauende (proaktive) Qualifizierung für zukünftige berufliche / betriebliche Anforderungen		
	Minderung wirtschaftlicher Risiken (aufgrund technischer oder anderer Veränderungen im Unternehmen)		
Kompetitive Ziele	Sicherung bzw. Erhöhung der Unternehmensinternen bzw. beruflichen (individuellen) Mobilität	Erhöhung der Individuellen Mobilität am Arbeitsmarkt	Erhöhung der individuellen Mobilität auf den Arbeitsmärkten
	(Weitere) Karriere- und Aufstiegsmotive, z.B. Übernahme einer Führungsaufgabe	Verbesserung der Verwendungs- und Laufbahnmöglichkeiten	verbesserte Verwendungs- und Laufbahnmöglichkeiten
	Aktivierung bisher kaum oder nicht genutzter Kenntnisse und Fähigkeiten	Aktivierung bisher nicht genutzter persönlicher Kenntnisse und Fähigkeiten	

48

Prestigeziele	Verbesserung der Qualifikation	Optimierung der Qualifikation in der Fach-, Führungs- und Sozialkompetenz	
		Aneignung karrierebezogener Voraussetzungen für den beruflichen Aufstieg	
		Optimierung der Position	
	Verbesserung des Einkommens	Optimierung des Einkommens	
	Übertragung höherer Verantwortung/Übertragung qualifizierter(er) Aufgaben/Aufstiegsmöglichkeiten	Übernahme höherer Verantwortung	Übertragung neuer, erweiterter Aufgaben
	persönliches Prestige	Optimierung des Prestiges	Erhöhung des persönlichen Prestiges
	Materielle Verbesserung		
	Erhöhung des Selbstbewusstseins		
Metaphysische Ziele	Vielfältigere/abwechslungsreichere Aufgaben	Verbesserung der Selbstentfaltung durch Übernahme qualifizierterer Aufgaben	Verbesserung der Selbstverwirklichungschancen durch Übernahme qualifizierter Aufgaben
	Erfüllung individueller Lern- und Entwicklungsbedürfnisse	Ermöglichung einer eignungs- und neigungsgerechten Aufgabenzuweisung	Entfaltung der Persönlichkeit durch Bildung
	erlebbare Selbstentfaltung	Erhalt und Verbesserung einer selbst bestimmten Lebensführung	Realisierung von Chancengleichheit

Tabelle 5: Konsolidierung der Personalentwicklungsziele aus Mitarbeiterperspektive (eigene Darstellung)

4.2.2 Unternehmensperspektive

Auch die angebotenen Personalentwicklungsziele des Unternehmens kön-nen in analoger Weise wie die des Mitarbeiters kategorisiert werden. Auf-grund der Ausrichtung an den Unternehmenszielen lassen hier jedoch pri-mär die drei Aspekte Personalsicherung, Kompetenz- bzw. Know-how-Erhalt und Leistungsoptimierung identifizieren. Dementsprechend ist ein erster Zielbereich „Personalbestandssicherungsziel" zu bilden, welcher all jene Ziele enthält, die darauf ausgerichtet sind, den Personalbestand mög-lichst langfristig zu sichern und einem künftigen Fachkräftemangel vorzu-beugen. Im Hinblick auf das unternehmensseitige Ziel der des Kompetenz- und Know-how-Erhalts können in einem Zielbereich „ Rekrutierungs- und Know-how-Sicherungsziel" alle Ziele verortet werden, welche die Identifi-kation künftiger Fach- und Führungskräfte, sowie den Erhalt und den Aus-bau des im Unternehmen befindlichen Sachverstandes und der anlagenspe-zifischen Kenntnisse und Fähigkeiten betreffen. Eine dritte Zielagglomera-tion lässt sich schließlich hinsichtlich des unternehmerischen Primärziels der Wettbewerbsfähigkeit und der originären Gewinnerzielungsabsicht er-kennen. In diesem Bereich der „Kompetitiven Leistungsoptimierungsziele" können alle Ziele verortet werden, welche auf die Verbesserung der Wett-bewerbsfähigkeit und die betriebliche Leistungssteigerung ausgerichtet sind.

	Mudra	Olfert	Berthel/Becker
Personalbestandssicherungsziel	Deckung des qualitativen Perso-nalbedarfs / Sicherung des Be-standes an Fach- und Führungs-kräften	Langfristige Siche-rung von Fach- und Führungskräften	Sicherung des Mitarbeiterbestandes
	Mittel- und langfristige Nach-wuchssicherung/-förderung	Rechtzeitige Nach-folgeregelungen	
	Senkung der Mitarbeiterfluktuation	Senkung der Fluktu-ation	Ausgleichen konträrer Interessen
	Vermeidung von Überforderung	Richtige Platzierung der Mitarbeiter an den Arbeitsplätzen	Erfüllung individuel-ler Mitarbeiterwün-sche
	Festigung / Erhöhung von Ar-beitsplatzsicherheit		Befriedigung des Bildungsbedarfs

Rekrutierungs- und Know-how-Sicherungsziel	Erweiterung der Auswahlmöglichkeiten	Auswahl qualifizierter Mitarbeiter aus dem vorhandenen Angebot	
	Realisierung von Chancengleichheit unter Berücksichtigung (differenzierender) Eignungsgrundlagen	Ermittlung von Nachwuchskräften	
		Ermittlung des Führungspotenzials	
		Förderung Fach-, Management-, Sozialkompetenz des Nachwuchses	
		Interne Gewinnung Nachwuchskräften	
		Vorbereitung für höherwertigere Tätigkeiten	
		Diagnose/Änderung von Fehlbesetzungen	
Kompetitives Leistungsoptimierungsziel	Verbesserung der Arbeitsleistungen	Verbesserung des Leistungsverhaltens der Mitarbeiter	Leistungsverbesserung
	Anpassungsfähigkeit hinsichtlich veränderter Anforderungen (z.B. technologie- oder arbeitsmarktbezogen)	Anpassung an die Erfordernisse der Technologie und Marktverhältnisse	
	Erweiterung der Einsatzmöglichkeiten der Mitarbeiter durch Zusatzqualifikationen	Vermittlung zus. Qualifikation zwecks höherer Flexibilität	
	Anhebung des fachlichen und sozialen Qualifikationsniveaus	Erhaltung und Förderung der Mitarbeiterqualifikation	
	Teamarbeit	Verbesserung der innerbetrieblichen Kooperation und Kommunikation	
	Stärkere Integration der Mitarbeiter in das Unternehmen		

Tabelle 6: Konsolidierung der Personalentwicklungsziele aus Unternehmensperspektive (eigene Darstellung)

4.3 Kongruenz von Mitarbeiter- und Unternehmenszielen der Personalentwicklung

Nachdem die Ziele aus Mitarbeiter- und Unternehmenssicht in analytische Kategorien gefasst wurden, ist nun die Identifikation von eventuellen Komplementärzielen und möglichen (partiellen) Zielkonflikten notwendig. Eine solche Bewertung ist insofern erforderlich, als lediglich solche Ziele der Personalentwicklung hinsichtlich ihrer motivationspsychologischen Implikationen betrachtet werden sollen, welche sich komplementär verhalten. Diese Eingrenzung folgt der Logik, dass einerseits der Mitarbeiter nur auf solche Zielsetzungen reagieren, welche auch seinen Bedürfnissen entsprechen, das Unternehmen gleichermaßen nur unternehmenszielkonforme Personalentwicklungsziele forcieren wird. Vor diesem Hintergrund muss zunächst der Mitarbeiter im Zentrum der Überlegungen stehen, da dieser die motivationstheoretische Determinante innerhalb einer Kongruenzbetrachtung darstellt. Diese These ergibt sich aus der Tatsache, dass die Motivation letztlich nur beim Mitarbeiter als Objekt der Personalentwicklung ansetzen kann. Er ist das Objekt der Personalentwicklung und nur über ihn können deren Ziele umgesetzt werden. Allerdings muss dabei beachtet werden, dass diese Fokussierung des Mitarbeiters nicht mit der Ausschließlichkeit der Mitarbeiterperspektive gleichzusetzen ist, sondern lediglich die motivationspsychologische Implikation auf den Mitarbeiter zu beziehen ist.

Werden vor diesem Hintergrund die Mitarbeiter- und die Unternehmensziele der Personalentwicklung gegenübergestellt, so müssen dabei die den bereits erfolgten Kategorisierungen zugrundeliegenden Kernfragen in die Betrachtung einfließen. Diese beiden Zieldimensionen werden nachfolgend in einer Matrix auf ihre Korrelationen geprüft und können dann als „kongruent" – und damit als betrachtungsrelevant – angesehen werden, wenn sie keinen gegenläufigen (Umsetzungs)Charakter aufweisen. Sollten sie jedoch gegenläufig angelegt sein, so gilt es zu bedenken, dass die Personalentwicklungsziele beider Akteure in den meisten Fällen keine vollständigen Divergenzen ausweisen, da erreichte Personalentwicklungsziele meist auch zum Nutzen des anderen Akteurs beitragen können. Aus diesem Grund sollen diese Zielkorrelationen zwar als „Semi-divergent" bezeichnet werden, jedoch nicht für eine weitere Analyse berücksichtigt werden.

In der nachfolgenden Matrix werden vertikal die Mitarbeiterziele und horizontal die Unternehmensziele der Personalentwicklung dargelegt. Dabei steht in jedem Korrelationsfeld zunächst die kongruenzbezogene Bewertung, darunter die mitarbeiterbezogene und darunter wiederum die unternehmensbezogene Kernfrage der jeweiligen Kategorie. Das Ergebnis wird verdeutlicht durch die graue Unterlegung der semi-divergierenden, also ausgeschlossenen Zielkorrelationen und die weißen, vorläufig als betrachtungsrelevant bestätigten Zielkorrelationen.

		Unternehmensperspektive		
		Personalbestands-sicherungsziel	Rekrutierungs- und Know-how-Sicherungsziel	Kompetitives Leistungsoptimie-rungsziel
Mitarbeiterperspektive	Existenzielle Ziele	*Kongruent*	*Kongruent*	Semi-divergent
		Sicherung des Arbeitsplatzes	Sicherung des Arbeitsplatzes	Sicherung des Arbeitsplatzes
		Qualitative Personalbedarfsdeckung	Aufstiegsselektion und Kompetenzerhaltung	Ökonomischer Vorteil
	Kompetitive Ziele	Semi-divergent	*Kongruent*	Semi-divergent
		Individuelle Attraktivitätssteigerung	Individuelle Attraktivitätssteigerung	Individuelle Attraktivitätssteigerung
		Qualitative Personalbedarfsdeckung	Aufstiegsselektion und Kompetenzerhaltung	Ökonomischer Vorteil
	Prestigeziele	Semi-divergent	*Kongruent*	Semi-divergent
		Statussteigerung	Statussteigerung	Statussteigerung
		Qualitative Personalbedarfsdeckung	Aufstiegsselektion und Kompetenzerhaltung	Ökonomischer Vorteil
	Metaphysische Ziele	Semi-divergent	*Kongruent*	*Kongruent*
		Attitüdenrealisierung	Attitüdenrealisierung	Attitüdenrealisierung
		Qualitative Personalbedarfsdeckung	Aufstiegsselektion und Kompetenzerhaltung	Ökonomischer Vorteil

Tabelle 7: Kongruenz von Mitarbeiter- und Unternehmensperspektive im Rahmen der Personalentwicklungsziele (Eigene Darstellung)

4.4 Weitere strukturelle Eingrenzung und Konkretisierung

Eine erste Überlegung hinsichtlich der Bestimmung relevanter Analysekriterien für die Betrachtung der Motivationstheorien muss dem Umstand geschuldet sein, dass der Mensch Gegenstand und Objekt der Personalentwicklung ist und somit ausschließlich eine individuenzentrierte Perspektive der Ziele der Personalentwicklung eingenommen werden kann.[156] Dementsprechend gilt es zu bedenken, dass die Motivinhalte des Menschen, welche zur Bildung der Motivation als Triebfeder des Verhaltens führen, Gegenstand der Betrachtung sein müssen. Gleichwohl kann vor dem Hintergrund der multikomplexen Anlage der verschiedenen Motive des Menschen keine obligatorische Verbindung zwischen Motiv und Handlung gezogen werden, zumal auch der situative Kontext eine maßgebliche Verhaltensvariable darstellt. Dies wird, aufbauend auf den möglichen Menschenbildern, um den Aspekt ergänzt, dass das moderne Verständnis des arbeitenden Menschen jenes des vielschichtigen „complex man" ist, welcher seine Motivlagen durch Lernen und Sozialisation durchaus verändern kann.[157] Insofern können die motivbezogenen Implikationen lediglich als potenzielle Einflussgrößen betrachtet werden.

Weiterhin wurde dargestellt, dass insbesondere die intrinsische Motivation des Menschen eine besonders nachhaltige Wirkung zur Verhaltenssteuerung und -änderung aufweist. Demzufolge sind insbesondere solche Motive zu betrachten, welche ihn intrinsisch, ihn also nach Csikszentmihalyi durch die individuellen Herausforderungen der Aufgabe selbst motivieren.[158] Problematisch erscheint in diesem Zusammenhang, dass die Bestimmung eines Motivs als extrinsisch oder intrinsisch zunächst kaum möglich erscheint, da es sich dabei um einen intrapersonellen und damit nicht beobachtbaren Vorgang handelt. Einen nutzbaren Zugang bietet in diesem Kontext der Ansatz von Berlyne an, welcher vor allem auf das optimale psychologische Anregungspotenzial der Motivation abstellt. Dieses kann insofern als Indikator dienen, als intrinsische Motivation aus der Aufgabe selbst entspringt und sie demzufolge immer dann unterstellt werden soll, wenn die Wahrnehmung der Aufgabe nicht aus Zwängen heraus geschieht.[159]

---

[156] Die vorweggegangene Betrachtung der Unternehmensperspektive der Personalentwicklungsziele ist gleichwohl insofern obligatorisch, als das Unternehmen nur auf solche Ziele der Personalentwicklung Einfluss nehmen wird, welche auch im Unternehmenssinne zielführend erscheinen.

[157] vgl.: Staehle, 1999, 194f

[158] vgl.: Csikszentmihalyi, 2005

[159] vgl.: Berlyne, 1960

Um nun analytische Größen zur nachfolgenden Analyse gewinnen zu können, gilt es zunächst die aus der bisherigen strukturellen Eingrenzung hervorgehenden Erkenntnisse einzubringen. Diesen ist zunächst zu entnehmen, dass nur solche Personalentwicklungsziele berücksichtigt werden können, welche sowohl aus der Mitarbeitersicht, aber auch aus Unternehmensperspektive verfolgt werden. Diese kongruenten Ziele sind nunmehr noch um die existenziellen Ziele zu reduzieren, da diese mit obligatorischen Zwängen behaftet sind und somit nicht für die intrinsische Motivation des Mitarbeiters genutzt werden können, welche hier unter Effizienzgesichtspunkten eine ausschließliche Betrachtung finden soll. Somit verbleiben zunächst unter Berücksichtigung der unterstellten Mitarbeiterperspektive für die weitere Betrachtung lediglich die Kompetitiven, die Prestige-, sowie die Metaphysischen Ziele. Diese Ziele sind nun aufgrund der vorweg erfolgten Eingrenzung dahingehend zu beschreiben, inwiefern sie aus der Mitarbeiterperspektive einen nicht-obligatorischen Charakter aufweisen und gleichsam aus sich selbst heraus ein Motiv für den Mitarbeiter erzeugen. Dabei weisen die Kompetitiven Ziele insofern keinen zwingenden Charakter auf, als sie darauf ausgerichtet sind, die eigene Attraktivität – etwa durch eine verbesserte Qualifikation – für den aktuellen, aber auch andere Arbeitgeber durch Personalentwicklungsmaßnahmen so zu steigern, um die Option einer potenziellen Verbesserung der gegenwärtigen Situation zu erreichen, wobei die bereits erreichte Lebenssituation bereits so ausgestaltet ist, dass sie keine Existenzbedrohung darstellt.

Die Prestigeziele fokussieren insbesondere Einkommensverbesserungen, Verantwortungserweiterung und Anerkennung. Hier zielt der Mitarbeiter nicht mehr auf die grundsätzliche Möglichkeit einer Verbesserung der gegenwärtigen Situation, sondern auf die tatsächliche Realisierung dieses Bedürfnisses. Zwingende Umstände sind dementsprechend in der Regel auch hier nicht enthalten. Letztlich sind die Metaphysischen Ziele so ausgerichtet, dass sie zwar immer noch einen Bezug zum Arbeitsumfeld und zur Personalentwicklung aufweisen, allerdings beziehen sich diese Ziele auf Personalentwicklungsmaßnahmen zur individuellen Persönlichkeitsentfaltung und persönlichen Selbstverwirklichung. Hier kann davon ausgegangen werden, dass die intrinsische Motivation sehr hoch ist und ebenfalls keine Zwänge zur Erreichung dieser Ziele bestehen.

4.5 Hinreichende Kategorisierung

Zwar steht zu vermuten, dass hinsichtlich der zu betrachtenden Motivationstheorien keine Klassifizierung der einzelnen motivationspsychologischen Inhaltstheorien vorgenommen werden darf, da gerade deren unterschiedliche Zugänge einen mehrdimensionale Betrachtungsmöglichkeit bieten und die Entwicklung eines generischen Schemas zur Nivellierung dieser Spezifika führen könnte. Allerdings soll im Rahmen dieser Arbeit eine Indikation hinsichtlich der Implikationsrelevanz der psychologischen Inhaltstheorien auf die als kongruent identifizierten Personalentwicklungsziele erteilt werden.

Die Auswirkungen dieser Motivationstheorien lassen sich an einem breiten Spektrum unterschiedlicher Kriterien festmachen. Als entscheidend wird hier jedoch zunächst die theoretische Erklärungsfähigkeit der jeweiligen Theorie betrachtet. Dies zielt insbesondere auf eine mögliche theoretische Unterbringungsmöglichkeit der kongruenten Personalentwicklungsziele ab. Da diese lediglich eine grundsätzliche Verortungsmöglichkeit des Ziels angibt, muss ferner eine Aussage zur praktischen Anwendbarkeit der Motivationstheorie getroffen werden. Die entsprechende Bewertung hierzu soll primär anhand der grundsätzlichen Übertragungsmöglichkeit der Theorie in die betriebliche Praxis erfolgen. Dies verweist wiederum auf das dritte Implikationskriterium hin, welches eine Einschätzung zur Möglichkeit praxisrelevante Personalentwicklungsmaßnahmen als praktische Konsequenz dieser Reflexionen wiedergibt.

5. KOHÄRENZ- UND IMPLIKATIONSANALYSE

Nachdem die kongruenten Ziele der Personalentwicklung für die weitere Betrachtung klar definiert wurden und eine ergänzenden strukturelle Eingrenzung des Betrachtungsrahmens vorgenommen wurde, gilt es in der Folge die kohärente und implizite Wirkungsweise der motivationspsychologischen Inhaltstheorien zu betrachten.

5.1 Bedürfnishierarchie von Maslow

Eine Verortung der drei Zielklassen Kompetitive, Prestige- und Metaphysische Zieleinnerhalb der Maslowschen Bedürfnishierarchie weist vor allem bei den Kompetitiven Zielen Schwierigkeiten auf, da diese lediglich das Fundamentalziel einer potenziellen Basis für die weitere Entwicklung zu schaffen, beinhalten. Ein konkretes Defizit ist diesem Mitarbeiterziel somit nicht zu entnehmen. Insofern könnten Kompetitive Ziele nur im Bereich der Wachstumsbedürfnisse innerhalb des zugrundegelegten Maslowschen Konzeptes verortet werden. Dies erscheint jedoch angesichts Maslows Verständnis der Wachstumsbedürfnisse als ein Selbstverwirklichungsbedürfnis, welches letztlich nie vollständig erreicht werden kann, als unzulässig. Insofern können Kompetitive Ziele nicht innerhalb dieses Konzepts untergebracht werden und stellen keine Implikation dar. Anders verhält es sich bei den Prestigezielen. Sie weisen aufgrund des mit ihnen verbundenen Ziels der Statussteigerung eine eindeutige Affinität zu den Achtungs- und Anerkennungsbedürfnissen auf und lassen sich somit implikativ erkennen. Ebenso verhält es sich mit den Metaphysischen Zielen der Persönlichkeitsentfaltung und Selbstverwirklichung, welche eindeutig in den Wachstumsbedürfnissen zu verorten sind. Diese beiden Zielkomplexe sind somit nicht nur theoretisch gut durch die Bedürfnishierarchie verortbar, sondern auch im Sinne der Maßnahmengenerierung grundsätzlich nutzbar.

Als implizite Konsequenz gilt es somit unter Berufung auf das postulierte Prinzip der Präpotenz, festzustellen, dass die Befriedigung der Existenz-, Sicherheits- und Sozialen Bedürfnisse des Mitarbeiters obligatorisch ist, bevor dieser unter Zugrundelegung des optimalen psychologischen Anregungspotenzials mit Personalentwicklungsmaßnahmen konfrontiert werden kann. Dies bedeutet auch, dass auch aus den Prestigezielen erwachsende Bedürfnisse vor der Entwicklung von Metaphysischen Zielen des Mitarbeiters gedeckt sein müssen. Im Rahmen einer zielgerichteten Personalentwicklung dürfen also im Sinne dieser Theorie nicht nur unmittelbar die

Achtungs- und Anerkennungsbedürfnisse berücksichtigt werden, sondern zuvor zwingend alle niedrigeren Bedürfnisse des Mitarbeiters. Vor diesem Hintergrund ergibt sich insofern auch ein deutlicher Widerspruch zu Mudras These, dass ausschließlich Personalentwicklungsziele, welche im Maslowschen Konzept als Wachstumsbedürfnisse erkannt werden, Ansatzpunkte für die Personalentwicklung liefern können.[160]

5.2 ERG-Theorie nach Alderfer

Die ERG-Theorie bietet zwar weniger Bedürfnisgruppen als Maslows Konzept an, jedoch sind sie weitläufiger gefasst, so dass eine Verortung der drei Zielkategorien auf den ersten Blick frugal erscheint. So lassen sich in diesem Konzept die Kompetitiven Ziele de facto innerhalb der ERG-Theorie lokalisieren. Sie sind hier im Bereich der Growth Needs zu verorten. Dies ist möglich, da Alderfer über die Konsolidierung von Wachstums- und Selbstverwirklichungszielen eine Möglichkeit zur Unterbringung der potenziellen Attraktivitätssteigerung geschaffen hat, denn die Wachstumsbedürfnisse müssen bei ihm nicht zwangsläufig eine Selbstverwirklichungskomponente beinhalten. Aus diesem Umstand heraus ist – wenngleich nicht hinreichend – zunächst die theoretische Erklärungsmöglichkeit gegeben. Die Ableitung praktischer Anwendungsmöglichkeiten ist jedoch gerade aufgrund der vorgenommenen Konsolidierung und der damit verbundenen Ersatzmöglichkeiten nicht spezifizierbar, weshalb auch keine praktischen Maßnahmen zu den kompetitiven Zielen aus der ERG-Theorie generierbar erscheinen.

Anders verhält es sich bei der Lokalisierung der Prestigeziele im Alderferschen System. Eine klare Zuordnung dieser Ziele wie etwa den Achtungsbedürfnissen in der Maslowschen Struktur ist im Rahmen der ERG-Theorie nicht möglich. Die Prestigeziele beinhalten mit dem Kernziel der Statussteigerung auch keine Affinität zu den Existenzbedürfnissen und den Sozialen Bedürfnissen. Eine Verortung bei den Wachstumsbedürfnissen erscheint zwar auch nicht problemlos möglich, allerdings auch nicht ausgeschlossen. Vor allem die Annahme, dass das Ziel des Prestigeausbaus mit einem persönlichen Wachstum einher gehen kann, ermöglicht eine Verbindung zwischen Prestigeziele und der Klassifizierung als Growth Need. Die Metaphysischen Ziele mit ihrem Hauptgehalt der Attitüdenrealisierung sind hingegen ganz offensichtlich in diesem Bereich der Growth Needs zu ver-

---

[160] Mudra, 2004, 182

orten. Vor diesem Hintergrund ist zwar die praktische Wiedererkennung der beiden Zielkomplexe grundsätzlich gegeben, eine entsprechende Maßnahmengenerierung jedoch nicht möglich.

Das von Maslow angeführte Postulat der Präpotenz hat Alderfer bewusst relativiert. Demzufolge verlangt die ERG-Theorie nicht zwangsläufig eine Befriedigung der Existence und Related Needs bevor die Wachstumsbedürfnisse aktiviert werden können. Zudem wirken diese Growth Needs auch noch, wenn diese bereits befriedigt wurden. Gleichwohl hat die Befriedigung der unteren Bedürfnisstufen eine Relevanz, denn das mit der Nichtbefriedigung verbundene Mangelgefühl verstärkt sich umso mehr, je weniger diese unteren Bedürfnisse befriedigt wurden. Je mehr die Existenzbedürfnisse und die Sozialen Bedürfnisse jedoch gedeckt sind, umso stärker wirken die Wachstumsbedürfnisse, in welchen die Personalentwicklungsziele zu verorten sind. Zur optimalen Unterstützung der Ziele der Personalentwicklung müssen also letztlich auch die Existence und Relatedness Needs befriedigt sein.[161]

5.3 Zwei-Faktoren-Theorie nach Herzberg

Die zweidimensional angelegte Theorie von Herzberg bietet nicht nur einen anderen Zugang zur Verortung der angeführten kongruenten Personalentwicklungsziele an, sondern zwingt sogar zu einer anderweitigen Einordnung, da die Zwei-Faktoren-Theorie lediglich eine binäre Betrachtungsweise zugrundelegt. Die Maintenance Needs, die lediglich die Unzufriedenheit des Mitarbeiters determinieren, umfassen ausschließlich Existenzielle Personalentwicklungsziele, welche aus den vorstehend benannten Gründen bereits von einer weiteren Betrachtung ausgeschlossen wurden. Weinert weist allerdings darauf hin, dass die Maintenance Needs vor Entstehung eines Wirkungszusammenhangs zu den Motivation Needs befriedigt sein müssen.[161] Demzufolge ergibt sich eine obligatorische Befriedigung dieser Bedürfnisse, welche etwa die Sicherheit des Arbeitsplatzes, die Betriebspolitik oder auch die Qualität der Führung umfassen, um in einem weiteren Schritt die Motivation Needs berücksichtigen zu können.

Die kongruenten Personalentwicklungsziele lassen sich demzufolge vollständig innerhalb der Motivation Needs verorten. Dies weist hier im Gegensatz zu den beiden bisher vorgestellten Motivationstheorien auf eine

---

[161] vgl.: Weinert, 1992, 268ff

weniger zwanghafte Fixierung eines Handlungserfordernisses der Personalentwicklung hin, da Herzberg davon ausgeht, dass eine Nicht-Befriedigung der Motivation Needs lediglich zu einer „Nicht-Motivation" führt, eine Unzufriedenheit hingegen aber noch nicht bewirkt wird. Gleichwohl bedeutet dies im Umkehrschluss, dass mit der Befriedigung der Motivationsbedürfnisse gleichzeitig eine Umsetzung der kongruenten Personalentwicklungsziele ermöglicht wird.

Die Essenz hieraus lautet also einerseits, dass die Maintenance Needs des Mitarbeiters als Voraussetzung für die Umsetzung von Personalentwicklungszielen befriedigt sein müssen und darauf ausbauend die Motivation Needs berücksichtigt werden sollten, da erst mit deren Befriedigung die Umsetzung der kongruenten Personalentwicklungszielen möglich wird. Andererseits ergibt sich aus dieser Feststellung, dass sich, aufgrund des breiten Zugangs, alle drei Zielkomplexe zunächst theoretisch grundsätzlich unterbringen lassen. Jedoch auch die praktische Übertragbarkeit erscheint gegeben, wobei sich hier vor dem Hintergrund der offenen Darstellung keine praktischen Maßnahmen ableiten lassen.

5.4 Theorie der gelernten Bedürfnisse nach McClelland

McClellands Theorie unterscheidet sich gegenüber den bereits vorgestellten Motivationstheorien zunächst durch seine Fundamentalvorstellung der frühsozialisationsbedingten (Fix)Allokation des individuellen Leistungsbedürfnisses. Da McClelland daraus resultierend grundsätzlich zwischen stark und schwach leistungsmotivierten Menschen unterscheidet, welche auf verschiedene Arten motiviert werden müssen, steht zu vermuten, dass eine Verortung der Ziele der kongruenten Personalentwicklung sich dementsprechend vorerst nur über dem Umweg der Individualperspektive gestalten kann, denn er bietet keine weitere Klassifizierung innerhalb seiner Theorie an. Stark leistungsorientierte Menschen sind nach McClelland intrinsisch motiviert und ihre Aktivitäten basieren auf einer Identifikation mit der Aufgabe. Schwach leistungsorientierte Menschen hingegen bedürfen hierzu – zumindest in einem ersten Schritt – der extrinsischen Motivation, was wiederum bedeutet, dass diese von der weiteren Betrachtung ausgeschlossen werden müssten, da die als kongruent definierten Ziele der Personalentwicklung durch zwanglose intrinsische Bedingungen definiert sind.

Kern der McClellandschen Theorie ist jedoch nicht die Differenzierung zwischen stark und schwach leistungsorientierten Menschen, sondern vielmehr der Gedanke, dass durch die Schaffung von subjektiven Assoziationen zwischen Leistung und Erfolg ein zu erlernendes Bedürfnis nach Leistung erzeugt werden kann. Um diese Assoziationen herstellen zu können, sind regelmäßige Erfolgserlebnisse nach erbrachter Leistung erforderlich. Im Falle der Kompetitiven Ziele und der Prestigeziele ist dies durchaus möglich, denn die Ergebnisse der erbrachten Leistung sind auch objektiv erfassbar. Insofern sind diese nicht nur theoretisch zu verorten, sondern auch mit dem Ziel praktisch anwendbar Maßnahmen generieren zu können sehr gut bewertbar. Die Metaphysischen Ziele mit dem individualimpliziten Ziel der Attitüdenrealisierung und den exemplarisch derivativen Zielen der Selbstverwirklichung und Persönlichkeitsentfaltung hingegen sind extrem subjektiv angelegt, so dass die Erfolgsidentifikation extrem aufwendig erscheint. Insofern lassen sich die Metaphysischen Ziele zwar auch theoretisch abbilden, ihre praktische Überprüfbarkeit und eine damit verbundene Maßnahmengenerierung sind problematisch.

Ungeachtet dessen lassen sich alle drei kongruenten Personalentwicklungsziele innerhalb der Theorie der gelernten Bedürfnisse verorten. Schlüsse hieraus lassen sich insofern ziehen, als bei jenen Beschäftigten mit schwacher Leistungsmotivation sukzessive ein Bedürfnis zur Leistung bzw. zum Erfolg und damit zum Erreichen von Personalentwicklungszielen geschaffen werden kann. Ferner wird das Leistungsbedürfnis stark leistungsmotivierter Menschen durch die Personalentwicklungsziele befriedigt und gleichzeitig verstärkt.[162] Wenn dieses Bedürfnis erzeugt wurde, kann durch die Induktion situativer Anreize jeder unabhängig vom Grad seines Leistungsbedürfnisses Mensch zielgerichtet zum Erreichen der Personalentwicklungsziele motiviert werden.

5.5 X-Y-Theorie nach Mc Gregor

Die von McGregor konstruierte X-Y-Theorie wird in der Praxis meist als Kategorisierungsmöglichkeit des arbeitenden Menschen verstanden. Dies ist jedoch nicht zutreffend, da sie lediglich eine Fundamentaleinschätzung des Mitarbeiters durch den im jeweiligen Kontext Betrachtenden wiedergibt. Aus dieser Perspektive heraus folgert McGregor obligatorische Verhaltensgrundsätze gegenüber dem jeweiligen Menschen.

---

[162] vgl.: Tennehill, 1970, 47

Durch die extrem konträren Positionen der X-Y-Theorie über die menschlichen Grundhaltungen erscheint die Einordnung der kongruenten Personalentwicklungsziele vergleichsweise eindeutig. So offenbart McGregor, dass der Mensch der Theorie X lediglich auf die Befriedigung der physischen Grundbedürfnisse bedacht sei. Alle „höheren" Bedürfnisse könnten lediglich dann betrachtet werden, wenn das Menschenbild der Theorie Y zugrunde gelegt werde.[163] Da die Existenziellen Ziele der Personalentwicklung bereits ausgeschlossen wurden, können die verbleibenden drei Zielgruppen demzufolge nun „pauschal" dem unterstellten Menschen der Theorie Y zugeschrieben werden.

Den Rahmen innerhalb dessen also die kongruenten Ziele der Personalentwicklung verfolgt werden können, bietet das Bild des Menschen nach der Theorie Y. Die aus dieser Überlegung resultierende motivationspsychologische Implikation besteht primär in der Implementierung des Menschenbildes der Theorie Y in der gesamten Unternehmung. Ausgehend von der Einschätzung des Mitarbeiters als selbständigen, aktiven und nach Verantwortung strebenden Menschen führt Mudra an, dass im Idealfalle eine Partizipation des Mitarbeiters an der Gestaltung der Personalentwicklungsmaßnahmen eingeplant werden solle.[164] Durch die weitläufige Darstellungen der Theorie Y lassen sich die kongruenten Personalentwicklungsziele weder konkretisiert noch differenziert in diesem Ansatz verorten, wobei eine Betrachtung aber grundsätzlich möglich ist. Insbesondere zu den Prestige- und den Metaphysischen Zielen ist eine verhaltene Aussage möglich. Die Kompetitiven Ziele sind hingegen nicht darstellbar. Hinsichtlich der Implikationswirkung unterscheidet sich McGregors Theorie grundsätzlich von den anderen Inhaltstheorien durch eine Divergenz zwischen praktischem Erkenntnisgewinn und Maßnahmengenerierungsmöglichkeit. Aufgrund der relativ unkonkreten Darstellung des „Y-Menschen" lässt sich dieser zwar praktisch wiederfinden, aufgrund der von McGregor unterstellten Tatsache, dass sich der Theorie Y-Mitarbeiter unter geeigneten Bedingungen den Unternehmenszielen verpflichtet fühlt und daraus resultierend zu Selbstdisziplin und -initiative fähig ist, lässt sich eine definitive Indikation für die Zielrichtung entsprechender Maßnahmen erkennen.[165]

---

[163] vgl.: McGregor, 1970, 50ff
[164] vgl.: Mudra, 2004, 240
[165] vgl.: McGregor, 1970, 61f

5.6 Zusammenfassende Implikationsdarstellung

In der nachfolgenden Darstellung wurden die Implikationsbewertungen der betrachteten motivationspsychologischen Inhaltstheorien zusammenfassend vergleichend gegenübergestellt. Dabei wurde zwischen den Implikationsstärken „stark gegeben", „gegeben" und „nicht gegeben" unterschieden. Diese Einteilung gibt wieder, ob sich ein überdurchschnittliche, eine grundsätzlich vorhandene oder keine Auswirkung zu den bereits verwendeten Bewertungskriterien ergibt.

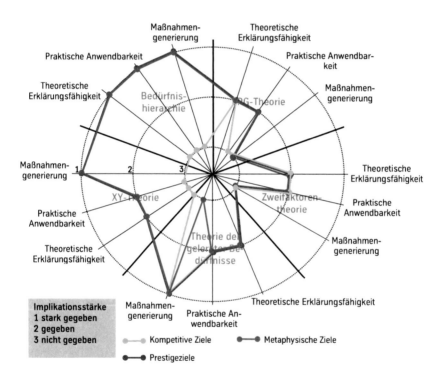

Abbildung 5: Die motivationspsychologischen Inhaltstheorien im Implikationsvergleich (Eigene Darstellung)

6 ERGEBNIS UND RESÜMEE

Das Ziel dieser Arbeit besteht, wie bereits eingangs erwähnt, nicht in der Erarbeitung konkreter Motivations- oder Personalentwicklungskonzepte, sondern in der Identifikation von kohärenten und impliziten Relationen zwischen motivationspsychologischen Inhaltstheorien und den kongruenten Zielen der Personalentwicklung, sowie einer entsprechenden Implikationsanalyse der ausgewählten Theorien.

Im Rahmen der sukzessiven Erarbeitung von kongruenten Personalentwicklungszielen wurde vorab deutlich, dass lediglich die Hälfte der konstruierten Zielkorrelationen für eine motivationspsychologische Betrachtung nutzbar war. Diese wurden auf die motivationstheoretischen Konzepte angelegt, wodurch sich zunächst ein fruchtbarer Bezug zwischen motivationspsychologischen Inhaltstheorien und kongruenten Personalentwicklungszielen offenbarte. Ferner wurde deutlich, dass zum optimalen und stringenten Erreichen der Personalentwicklungsziele eine reflexive bzw. sukzessive motivationspsychologische Vorgehensweise erforderlich ist, da die meisten Theorien die Personalentwicklungsziel mit „höheren" Bedürfnissen verbinden. Im Umkehrschuss müssen die „niederen" Bedürfnisse nach den meisten Motivationstheorien befriedigt sein, bevor die höheren Bedürfnisse und somit die Personalentwicklungsziele fokussiert werden können.

Über diesen generischen Befund hinaus zeigten sich im Rahmen der Implikationsanalyse deutliche Divergenzen zwischen den verschiedenen Theorien, sowie unterschiedliche Implikationsstärken in Bezug auf die verschiedenen kongruenten Personalentwicklungsziele. Konkret sind die Prestige- und die Metaphysischen Ziele innerhalb der meisten Theoriegebäude besser als die Kompetitiven Ziele zu verorten. Hier bewiesen sich vor allem die klassischen Konzepte von Maslow und McGregor als implikationsstark. Trotzdem war festzustellen, dass es angesichts der unterschiedlichen Implikationen keine optimale motivationspsychologische Inhaltstheorie für die Personalentwicklung gibt, sondern jede Theorie ihre Vorzüge und damit weiterführende Ansatzmöglichkeiten enthält.

Darüber hinaus ließ sich grundsätzlich aufzeigen, dass die motivationspsychologischen Inhaltstheorien nach wie vor aktuell sind und sinnvolle Zugänge für eine zielgerichtete und erfolgreiche Personalentwicklung liefern können. Wenngleich die verschiedenen vorgestellten Theorien unterschiedliche Vorgehensweisen nahe legen, so zeichnen sich dennoch generische Tendenzen ab, welche in weiterführenden Untersuchungen zu vertiefen sind und als Bezugspunkte für in der Praxis verwendbare Personalentwicklungskonzepte dienen können. Dabei ist jedoch zu berücksichtigen, dass erfolgreiche Personalentwicklung grundsätzlich auf einer individuenzentrierten Vorgehensweise beruhen muss, denn jenseits aller stringenten Theorien sind die menschlichen Motive stets in einer individuellen Bedürfnisstruktur hinterlegt und Personalentwicklungskonzepte immer nur bedingt pauschal auf alle Mitarbeiter übertragbar.

7 LITERATURVERZEICHNIS

Alderfer, Clayton P.: *Existance, Relatedness and Growth – Human needs in Organizational Settings*, New York 1972

Amabile, Teresa M./Beth A. **Hennessey**: *The motivation for creativity in children*, in: Ann K. Boggiano/Thane S. Pittman (Eds.): Achivement and motivation: *A social-developmental perspective*, New York 1992

Arnold, Rolf: *Kompetenz*, in: Arnold, Rolf/Sigrid Nolda/Ekkehard Nuissl (Hrsg.): *Wörterbuch Erwachsenenpädagogik*, Bad Heilbrunn 2001

Becker, Manfred: *Personalentwicklung – Bildung, Förderung und Organisationsentwicklung in Theorie und Praxis*, 4. Auflage, Stuttgart 2005

Berlyne, Daniel E.: *Conflict, arousal and curiosity*, New York 1960

Berthel, Jürgen/Fred G. **Becker**: *Personalmanagement*, 7. Auflage, Stuttgart 2003

Bischoff, Norbert : *Psychologie*, Stuttgart 2008

Bischoff, Norbert: *Das Rätsel Ödipus – Die biologischen Wurzeln des Urkonflikt von Intimität und Autonomie*, München 1985

Brandstätter, Hermann: *Veränderbarkeit von Persönlichkeitsmerkmalen*, in: Sonntag, Karlheinz (Hrsg.): *Personalentwicklung in Organisationen*, Göttingen/Bern/Toronto/Seattle 1999

Bröckermann, Reiner: *Personalwirtschaft*, 4. Auflage, Stuttgart 2007

Campbell, John P./Richard D. **Pritchard**: *Motivation theory in industrial and organizational psychology*, in: Dunnette, Marvin D. (Hrsg.): *Handbook of industrial and organizational psychology*, Chicago 1976

Csikszentmihalyi, Mihaly: *Das Flow-Erlebnis – Jenseits von Angst und Langeweile: Im Tun aufgehen*, 9. Auflage, Stuttgart 2005

Deci, Edward L./Richard M. **Ryan**: *A motivational approach to self – Integration in personality*, in: Dienstbier, Richard A.: (Ed.) *Nebraska Symposium on Motivation*, Lincoln 1991

Deci, Edward L./Richard M: **Ryan**: *Intrinsic motivation and self-determination in human behaviour*, New York 1985

Dietel, Bernhard/Peter **Müller-Bader**: *Elemente einer Theorie der Führung*, in: Heinen, Edmund (Hrsg.): *Betriebswirtschaftliche Führungslehre – Ein entscheidungsorientierter Ansatz*, Band 2, Wiesbaden 1978

Drumm, Hans Jürgen: *Personalwirtschaft*, 5. Auflage, Berlin/Heidelberg/New York 2005

Erikson, Erik H.: *Kindheit und Gesellschaft*, Stuttgart 1972

Erpenbeck, John/Volker **Heyse**: *Berufliche Weiterbildung und berufliche Kompetenzentwicklung*, in: Bergmann, Bärbel: *Kompetenzentwicklung*, Münster 1996

Flato, Ehrhard/Silke **Reinbold-Scheible**: *Personalentwicklung – Mitarbeiter qualifizieren, motivieren und fördern*, Landsberg am Lech 2006

Gebert, Diether/**Rosenstiel**, Lutz von: *Organisationspsychologie – Person und Organisation*, 5. Auflage, Stuttgart 2002

Geen, Russel G.: *Human Motivation*, 4th Edition, Pacific Grove u.a. 1998

Gilbeth, Frank B.: *Primer of Scientific Management*, New York 1912

Gonschorrek, Ulrich: *Verwaltungspädagogik und Führungslehre*, Band 2: Führungslehre, 2. Auflage, Heidelberg/Hamburg 1989

Grimm, Hubert/Günther R. **Vollmer**: *Personalführung*, 6. Auflage, Bad Wörishofen 2004

Haberkorn, Kurt: *Praxis der Mitarbeiterführung – Ein Grundriss mit zahlreichen Checklisten zur Verbesserung des Führungsverhaltens*, 4. Auflage, Böblingen 1992

Haller, Gillmer: *Handbuch der modernen Betriebspsychologie*, München 1969

Heckhausen, Jutta/Heinz **Heckhausen**: *Motivation und Handeln*, 3. Auflage, Heidelberg 2006

Heckhausen, Heinz: *Hoffnung und Furcht in der Leistungsmotivation*, Meisenheim 1963

Hentze, Joachim/Andrea **Graf**/Andreas **Kammel**/Klaus **Lindert**: *Personalführungslehre*, 4. Auflage, Bern/Stuttgart/Wien 2005

Hentze, Joachim: *Personalwirtschaftslehre*, Bern 1994

Herzberg, Frederick: *Was Mitarbeiter wirklich in Schwung bringt*, in: Harvard Manager: *Führung und Organisation*, Bd. 3, Lübeck 1988

Herzberg, Frederic: *The Motivation to work*, 2nd Edition, New York/London/Sydney 1959

Heyse, Volker/John **Erpenbeck**: *Kompetenztraining*, Stuttgart 2004

Hoffmann, Rainer W.: *Wissenschaft und Arbeitskraft – Zur Geschichte der Arbeitsforschung in Deutschland*, Frankfurt (Main)/New York 1985

Hornby, Albert Sidney/Sally Wehmeier: *Oxford Advanced Learner's Dictionary of Current English*, Sixth Edition, Oxford University Press 2003

Hungenberg, Harald: *Planung eines Führungskräftesystems – Eine konzeptionelle Untersuchung der Gestaltung eines Führungskräftesystems einer Unternehmung auf system- und entscheidungsorientierter Grundlage*, Gießen 1990

Jung, Hans: *Personalwirtschaft*, 5. Auflage, München/Wien 2003

Kade, Jochen: *Bildung oder Qualifikation? Zur Gesellschaftlichkeit beruflichen Lernens*, in: Zeitschrift für Pädagogik, H.6, Weinheim 1983

Kleimann, Martin/Bernd **Strauß**: *Potenzialfeststellungs- und Personalentwicklungsinstrumente – Eine Einführung*, in: Kleimann, Martin/Bernd Strauß: *Potenzialfeststellung und Personalentwicklung*, Göttingen 1998

Kossbiel, Hugo: *Personalentwicklung*, Wiesbaden, 1982

Krämer, Michael: *Grundlagen und Praxis der Personalentwicklung*, Göttingen 2007

Krapp, Andreas/Manfred **Prenzel**/Bernd **Weidenmann**: *Geschichte, Gegenstandsbereich und Aufgaben der pädagogischen Psychologie*, in: Krapp, Andreas/Bernd Weidenmann: *Pädagogische Psychologie*, Weinheim 2006

Krapp, Andreas: *Interesse, Lernen und Leistung – Neuere Forschungsansätze in der Pädagogischen Psychologie*, in: Zeitschrift für Psychologie Nr. 38/1992

Laske, Stephan: *Personalentwicklung als Führungsmittel*, in: Kieser, Alfred/Gerhard Reber/Rolf Wunderer (Hrsg.): *Handwörterbuch der Führung*, Stuttgart 1987

Marx, Karl: *Das Kapital*, Nachwort zur 2. Auflage (1873) in der Ausgabe von Benedikt Kautsky, Leipzig 1929

Maslow, Abraham Harold: *Motivation und Persönlichkeit*, Olten 1977

McClelland, David C.: *The Achieving Society*, New York 1961

McClelland, David C./John W. **Atkinson**/Russel **Clark**/Edgar L. **Lowell**: *The Achievement Motive*, New York 1953

McGregor, Douglas: *Der Mensch im Unternehmen/The Human Side of Enterprise*, Düsseldorf/Wien 1970

Mead, George Herbert: *Sozialpsychologie*, Neuwied (Rhein) 1969

Mentzel, Wolfgang: *Personalentwicklung – Erfolgreich motivieren, fördern und weiterbilden*, München 2001

Meyer, Horst: *Einführung in die Psychologie*, 2. Auflage, München/Wien 2005

Miner, John B./Peter **Dachler**: *Personal Attitudes and motivation*, in: Annual Review of Psychology 24, 1973, S. 379ff, zitiert nach: Rosenstiel, Gerd von/Walter Molt/Bruno Rüttinger: Organisationspsychologie, 9. Auflage, Kohlhammer, Stuttgart 2005

Minssen, Heiner: *Arbeits- und Industriesoziologie*, Frankfurt 2006

Mudra, Peter: *Personalentwicklung – Integrative Gestaltung betrieblicher Lern- und Veränderungsprozesse*, München 2004

Myers, David G.: *Psychologie*, Heidelberg 2005

Neuberger, Oswald: *Führen und führen lassen*, 6. Auflage, Stuttgart 2002

Neuberger, Oswald: *Personalentwicklung*, Stuttgart 1991

Neuberger, Oswald: Motivation und Zufriedenheit, in: Mayer, A. (Hrsg.): Organisationspsychologie, Stuttgart 1978

Oechsler, Walter A.: *Personal und Arbeit – Grundlagen des Human Resource Management und der Arbeitgeber-Arbeitnehmer-Beziehungen*, 8. Auflage, München/Wien 2006

Oerter, Rolf: *Menschenbilder in der modernen Gesellschaft*, Stuttgart 1999, in: Krappmann, Lothar/Klaus A. Schneewind/Lazlo A. Vaskovics (Hrsg.): *Der Mensch als soziales und personales Wesen*, Band 15

Oerter, Rolf: *Menschliche Entwicklung und ihre Gestaltbarkeit – Beiträge der Entwicklungspsychologie*, in: Sonntag, Karlheinz (Hrsg.): *Personalentwicklung in Organisationen*, Göttingen/Bern/Toronto/Seattle 1999

Olfert, Klaus: *Personalwirtschaft*, 12. Auflage, Ludwigshafen (Rhein) 2006

Peterke, Jürgen: Handbuch Personalentwicklung, Berlin 2006

Pätzold, Günter: *Vermittlung von Fachkompetenz in der Berufsbildung*, in: Arnold, Rolf/Antonius Lipsmeier (Hrsg.): *Handbuch der Berufsbildung*, 2. Auflage Wiesbaden 2006

Reinhold, Gerd: *Soziologie-Lexikon*, 3. Auflage, München 1997

Ridder, Hans-Gerd: *Personalwirtschaftslehre*, 2. Auflage, Stuttgart 2007

Ringlstetter, Max J./Stephan **Kaiser**: Humanressourcen-Management, München 2008

Roethlisberger Fritz Jules/William J. **Dickson**: *Management and the, Worker - An account of a research programm conducted by the Western Electric Company, Hawthorne Works, Chicago,* Fifth Edition, Cambridge, 1970

Rosenstiel, Lutz von/Walter **Molt**/Bruno **Rüttinger**: *Organisationspsychologie*, 9. Auflage, Stuttgart 2005

Rosenstiel, Lutz von/Erika **Regnet**/Michel **Domsch** (Hrsg.): *Führung von Mitarbeitern*, Stuttgart 2003

Rüttinger, Bruno/Lutz von Rosenstiel/Walter **Molt**: *Motivation des wirtschaftlichen Verhaltens*, Stuttgart 1974

Ryschka, Jurij/Marc **Solga**/Axel **Mattenklott** (Hrsg.): *Praxishandbuch Personalentwicklung*, 2. Auflage, Wiesbaden 2008

Schaub, Horst/Karl G. **Zenke**: *Wörterbuch Pädagogik*, München 2007

Schein, Edgar H.: *Organizational Psychology*, 3rd Edition, New York 1980

Schneider, Klaus/Heinz-Dieter **Schmalt**: *Motivation*, 3. Auflage, Stuttgart 2000

Schnell, Rainer/Paul B. **Hill**/Elke **Esser**: *Methoden der empirischen Sozialforschung*, 6. Auflage, München/Wien 1999

Scherm, Ewald/Stefan Süß: *Personalmanagement*, München 2003

Schiersmann, Christiane: *Berufliche Weiterbildung*, Wiesbaden 2007

Schumann, Jochen/Ulrich **Meyer**/Wolfgang **Ströbele**: *Grundzüge der mikroökonomischen Theorie*, 7. Auflage, Berlin u.a. 1999

Senge, Peter, M.: *The fifth Discipline*, New York 1990

Solga, Marc/Jurij **Ryschka**/Axel **Mattenklott**: *Personalentwicklung – Gegenstand, Prozessmodell, Erfolgsfaktoren*, in: Ryschka, Jurij/Marc Solga/Axel Mattenklott (Hrsg.): *Praxishandbuch Personalentwicklung – Instrumente, Konzepte, Beispiele*, 2. Auflage, Wiesbaden 2008

Sonntag, Karlheinz/Ralf **Stegmaier**: *Arbeitsorientiertes Lernen – Zur Psychologie der Integration von Lernen und Arbeit*, Stuttgart 2007

Sonntag, Karlheinz: *Personalentwicklung – Ein Feld psychologischer Forschung und Gestaltung*, in: Sonntag, Karlheiz (Hrsg.): *Personalentwicklung in Organisationen*, 2. Auflage, Göttingen u.a. 1999

Staehle, Wolfgang H.: *Management – Eine verhaltenswissenschaftliche Perspektive*, 8. Auflage, München 1999

Stroebe, Rainer W./Guntram H. Stroebe: *Motivation*, 6. Auflage, Heidelberg 1994

Swanson, Richard A./Elwood F. Holton : *Foundations of Human Resource Management*, San Francisco 2001

Taylor, Frederick Winslow: „*Was ist Scientific Management?*" Auszug aus einer Zeugenaussage vor einem Sonderausschuss des U.S. House of Representatives am 25. Januar 1912, zitiert nach: Pentzlin, Kurt: *Meister der Rationalisierung*, Düsseldorf/Wien 1963

Taylor, Frederick Winslow: *Die Grundsätze wissenschaftlicher Betriebsführung (The Principles of Scientifc Management)*, Deutsche autorisierte Ausgabe, München/Berlin 1919

Tennehill, Robert E.: *Motivation and Management Development*, New York 1970

Tewes, Uwe/Klaus **Wildgrube**: *Psychologie-Lexikon*, 2. Auflage, München/Wien 1999

Thomae, Hans: *Zur allgemeinen Charakteristik des Motivgeschehens*, in: Thomae, Hans (Hrsg.): *Handbuch der Psychologie*, Bd. 2: Allgemeine Psychologie, Motivation, Göttingen 1965

Thom, Norbert: *Personalentwicklung und Personalentwicklungsplanung*, in: Gaugler, Eduard/Wolfgang Weber (Hrsg.): *Handwörterbuch des Personalwesens*, Stuttgart 1992

Toates, Frederick: *Motivational systems*, Cambridge 1986

Trebesch, Karsten: *Die Entwicklung der Organisationsentwicklung*, in: Trebesch, Karsten (Hrsg.): *Organisationsentwicklung*, Stuttgart 2000

Vroom, Victor H.: *Work and Motivation*, New York 1964

Wächter, Hartmut: *Wissenschaft und Arbeitskraft – Besprechung und wissenschaftstheoretische Überlegungen zu einem Buch über die Gesellschaft der Arbeitsforschung in Deutschland*, in: Zeitschrift für Arbeitswissenschaft, 41 Jg. 1987, Heft 4

Weber, Wolfgang/Wolfgang **Mayrhofer**/Werner **Nienhüser**: *Grundbegriffe der Personalwirtschaft*, Stuttgart 1993

Weibler, Jürgen, *Personalführung*, München 2001

Weiner, Bernard: *Motivationspsychologie*, 3. Aufgabe, Weinheim 1994

Weinert, Ansfried B.: *Lehrbuch der Organisationspsychologie*, 3. Auflage, München 1992

Weinert, Ansfried B.: *Organisationspsychologie*, 4. Auflage, Weinheim 1998

Withauer, Klaus F.: *Menschen führen – Mit praxisnahen Führungsaufgaben und Lösungswegen*, 5. Auflage, Ehningen/Stuttgart/Zürich 1989

Withauer, Klaus F.: *Menschen führen*, Sindelfingen 1986

Wunderer, Rolf/Wolfgang **Grunwald**: *Führungslehre Band 1: Grundlagen der Führung*, Berlin/New York 1980

Zimbardo, Philip G./ Richard J. **Gerrig**: *Psychologie*, 16. Auflage, München 2004

Individuelles Lernen und kollaborative Wissenskonstruktion mit Wikis
Ko-Evolution zwischen kognitiven und sozialen Systemen
(Forum Psychologie 8)
Von Johannes Moskaliuk
2010, 162 Seiten, Paperback, Euro 24,90/CHF 46,00, ISBN 978-3-89975-716-3

Wikis sind Werkzeuge im Netz, die den kooperativen Aufbau eines gemeinsamen Wissensspeichers ermöglichen. Durch die Zusammenarbeit und den Diskurs der beteiligten Autoren entwickelt sich das gemeinsame Wissen weiter, das Wiki wächst und wird komplexer: Es kommt zur kollaborativen Wissenskonstruktion. Gleichzeitig entwickelt sich das individuelle Wissen der beteiligten Autoren weiter: Es findet Lernen statt.

Der Autor beschreibt das Zusammenspiel zwischen dem Wissen einzelner Autoren und dem gemeinsamen Wissen, das als Information in einem Wiki repräsentiert ist. Betrachtet werden zwei Systeme: Das kognitive System eines Individuums mit individuellen Lernprozessen und das soziale System Wiki, in dem gemeinsames Wissen konstruiert wird.

Im empirischen Teil werden Ergebnisse quantitativer und qualitativer Studien vorgestellt und diskutiert. Eine Netzwerkanalyse am Beispiel der Online-Enzyklopädie Wikipedia analysiert die Entwicklung eines Artikelnetzwerkes und der zugehörigen Autoren-Community. Außerdem werden fünf Studien im Labor präsentiert, die Aspekte des kognitiven Konflikts als Auslöser für individuelles Lernen und kollaborative Wissenskonstruktion untersuchen.

Der Prozess des künstlerischen Schaffens in der Malerei
Interviews mit Künstlerinnen und Künstlern
(Forum Psychologie 7)
Von Isabel Corvacho del Toro
2007, 186 Seiten, Paperback, Euro 26,90/CHF 46,10, ISBN 978-3-89975-601-2

Das Buch leistet einen Beitrag zum allgemeinen Verständnis künstlerischer Schaffensprozesse und erarbeitet Instrumente für deren systematische Erfassung. Im Mittelpunkt steht die Rolle des Kunstschaffenden in seiner ganzheitlichen Individualität. Dabei berücksichtigt die Autorin die Dynamik im Prozess der kreativen Arbeit ebenso wie den Einfluss jeweils situativ vorgegebener Lebensbedingungen.

Ihr Wissenschaftsverlag. Kompetent und unabhängig.

Martin Meidenbauer »

Verlagsbuchhandlung GmbH & Co. KG
Erhardtstr. 8 • 80469 München
Tel. (089) 20 23 86 -03 • Fax -04
info@m-verlag.net • www.m-verlag.net